Botticelli

Emil Schaeffer

(Editor: Richard Muther)

Alpha Editions

This edition published in 2022

ISBN : 9789356710597

Design and Setting By
Alpha Editions
www.alphaedis.com
Email - info@alphaedis.com

Contents

Kapitel 1

Jahrhunderte lang wurde in einer Kapelle der Kirche St. Maria Maggiore zu Florenz eine Darstellung der Himmelfahrt Mariä verwahrt, deren Entwurf man Sandro Botticelli dankt. In diesem anscheinend frommen Bilde hatte die heilige Inquisition ketzerische Greuel entdeckt und entzog es durch einen Vorhang den Blicken der Gläubigen. Botticelli war nämlich in der Auffassung der Engel einer verdammungswürdigen Meinung des Origines gefolgt, der da behauptet hatte, die Seelen jener Engel, die bei Lucifers Empörung neutral geblieben, seien in menschliche Körper gebannt und solcher Weise von Gott noch einmal versucht worden. Eigentlich hätte eine gestrenge Inquisition sämtliche Bilder von Botticellis Hand verdecken, verhüllen und verbrennen sollen; denn stets kann vor ihnen der nämliche Tadel laut werden, allüberall gewahren wir Menschen mit engelhaften Seelen …

Ich bin der Sonne ausgesetztes Kind,
Das heim verlangt …

So liest man in den schmerzlichen Blicken botticellesker Menschen, das künden ihre adligen Gesten, mehr noch ihre Körper, die nichts vom Geiste der Schwere haben und wie Musik dünken. Die christlichen Heiligen und die heidnischen Grazien schreiten fremd durch dieses Thal der Thränen und bangen in frierender Sehnsucht nach einer verlorenen Sonnenheimat.

Man muss sehr weit zurückdenken, um die Erscheinung Botticellis innerhalb der Florentiner Kultur als eine historische Notwendigkeit zu empfinden. Das ganze Mittelalter hindurch tobten bis zum Beginn des Quattrocento wüste Parteikämpfe in den Gassen der Arnostadt. Die Häuser, gewaltig und zinnenbewehrt, wandelten sich oft genug in Festungen und ihre Inwohner liessen dem Schwert keine Zeit, Rost anzusetzen. Noch heute reckt, ein Wahrzeichen jener Tage, der Turm des Palazzo Vecchio sein Haupt über die Dächer, als wollte er Ausschau halten nach einem Feinde; selbst die Chroniken des Trecento scheinen nicht mit der Feder, sondern mit dem Schwert geschrieben und ihre Sätze klingen zuweilen wie drohendes Panzergerassel. »Freiheit«, lautete das grosse Losungswort der Zeit; es enthielt alles, was die Florentiner auf Erden forderten; die Schönheit blieb dem Jenseits vorbehalten. Nur wenige jedoch waren so gelehrt, dass Bücher ihnen eine greifbare Vorstellung von himmlischer Seligkeit vermitteln konnten; darum sollte die Kunst durch goldschwere Gemälde den »uomini grossi, che non sanno lettera« das wahre Leben im farbigen Abglanz zeigen. Natürlich mussten dabei Anlehen bei den Gebilden dieser Erde gemacht werden, aber von einem Nachahmen der Sinnenwelt um ihrer selbst willen war nie die Rede.

Allmählich verstummte der Lärm des Streitens und der Friede zog in Florenz ein. Das Auge des Bürgers war von keiner zornigen Leidenschaft mehr verdunkelt, heiter und willig haftete es an den Herrlichkeiten dieser Erde. Das neue Empfinden forderte eine neue Kunst; das schöne Diesseits wollte man nunmehr im Bilde schauen, den Menschen und die Dinge um ihn. Künstler standen auf, die, geführt von Donatello und Masaccio, die Herrschaft über alle Ausdrucksmittel der Kunst sich zu eigen machten, dem Bereich des Darstellbaren neue Stoffgebiete angliederten. Jenen Grossen, deren Gebilde noch den ganzen finsteren Reckentrotz des Trecento atmeten, folgten Jüngere, die bereits ernten durften, wo ihre Vorgänger gesäet. Das Irdische war der Kunst gewonnen und sie erzählten in frohen Gemälden von den Reizen dieses Neulandes: Fra Filippo Lippis Fresko vom Gastmahl des Herodes im Dome zu Prato vereint alles, was Lust am Dasein bedeutet. Musik ertönt in lichterfüllten Hallen, Jünglinge gewahren wir in festlicher Kleidung und ahnen durchs flatternde Gewand die Linien schlanker Mädchenkörper. »Weise Männer« erklärten dies Zeitalter, dem Cosimo de' Medici den Namen gab, »für das beste, das Florenz je zu teil geworden,« aber seiner zweiten Generation gehörten bereits unweise Menschen an, die keine Lust mehr am Dasein, die Wirklichkeit schaal und hässlich fanden, nach einer mehr vergeistigten Existenz verlangten, seltene und feinere Sensationen forderten. Der erste Künstler nun, der anfangs nur leise und scheu, später immer leidenschaftlicher sein Nein zur Sinnenwelt sagte und ein Bild zum formgewordenen schmerzlichen Schönheitstraum gestaltete, war Sandro Botticelli. Von seinem Vater hatte er die aristokratische Natur nicht geerbt; denn der alte Mariano Filipepi betrieb das ehrsame Handwerk eines Lohgerbers und ärgerte sich wohl genugsam über seinen jungen Sandro. Dem gefiel das Lernen schlecht; in der Werkstatt eines Goldschmiedes hielt er auch nicht lange aus; da brachte der Alte den Knaben, der inzwischen – man weiss nicht, warum – den Beinamen Botticelli empfangen hatte, zu Fra Filippo, dem lustigen Maler-Mönch. Aber die genussfrohe Art des Meisters blieb Sandro zeitlebens fremd; er bewunderte die Kompositionen des Frate, mit seinen robust-gesunden Typen konnte er sich jedoch nicht befreunden. Nach Anmut und graziler Eleganz ging Botticellis Streben und gerade diese Eigenschaften liessen Fra Filippos Menschen vermissen; darum wählte sich Botticelli schon früh Antonio Pollaiuolo und Andrea del Verrocchio zu Vorbildern. In Antonio Pollaiuolos Werken gefielen ihm die plastischen scharfen Formen, die bestimmte sichere Art der Linienführung und die Freude am feingliedrigen Jünglingskörper. Bei Verrocchio schätzte er den Sinn für alles Zierliche und Gleissende, der trotzdem niemals in Spielerei und Kleinkrämerei ausartete. Auch den rundlichen Gesichtstypus, dem man in Botticellis Frühwerken begegnet, die vorspringenden starkgewölbten Stirnen seiner ersten Madonnen, ihre hochgezogenen Brauen und schweren Lider, all solche Einzelheiten setzt man heute gern auf Rechnung verrocchiesker Einflüsse. Aber mögen einem auch bisweilen vor Sandros ersten Bildern die Namen Filippo Lippi, Antonio Pollaiuolo und Andrea del Verrocchio einfallen, so enthalten jene Werke noch immer genug von Botticellis Eigenart und gerade dies bedingt ihren Zauber.

Da ist seine Allegorie der Tapferkeit, jene »Fortezza« der Uffizien, die voreinst mit fünf anderen »Tugenden« Antonio und Piero Pollaiuolos eine Wand im florentiner Handelsgericht schmückte. Die Schöpfungen der beiden Brüder kann man heute ebenfalls in den Uffizien betrachten. Unweiblich ernst und streng, den hieratischen Madonnen der Primitiven vergleichbar, thronen die »Tugenden« der Pollaiuoli in Marmornischen, deren fein ciselierte Ornamentik die geübte Hand des Goldschmieds verrät. Die »Hoffnung« blickt hergebrachter Weise zum Himmel empor, die andern schauen hoheitsvoll und kalt geradeaus ins Weite. Auch der »Fortezza« Sandros bietet eine bunt leuchtende Marmornische den Hintergrund. Aber sie »thront« nicht, sondern sitzt, das Haupt träumend zur Seite geneigt, lässig darin. In den Händen ruht ein Schwert; aber diese Frau, die nichts von einer Virago hat, könnte es niemals dräuend erheben. An die Komposition der Pollaiuoli hielt sich Botticelli, an ihre Typen, selbst an ihre Handform, und malte ein sinnendes Mädchen. Sein Wesen war lyrischer Art. Ein Weib bedeutete ihm mehr, als eine stahlgepanzerte Abstraktion. Und doch liebte er das Schimmern der Waffen; aber nicht, wie Castagno und Uccello, als starke Form einer Lebensbejahung, sondern lediglich vom rein malerischen Standpunkt. Er zuerst empfand das Künstlerbehagen am dunklen Blitzen eines blankpolierten Stahles, und das Leuchten des Metalls verbindet sich hier, beim Ärmel der Fortezza, mit Weiss und Blau zu einer delikaten Harmonie, die man in sämtlichen Bildern der Pollaiuoli vergeblich suchen würde. Alle Welt feiert Sandro als Beherrscher der Linie; aber selten wird darauf hingewiesen, dass Botticelli auch das grösste Farbengenie, das bedeutendste Maltalent des Florentiner Quattrocento gewesen ist. In seinen Gemälden kann man jeden beliebigen Teil, jeden Winkel, jede Ecke auf malerische Qualitäten hin ansehen und wird stets reicheren Genuss dabei finden, als vor den meisten Bildern seiner Zeitgenossen.

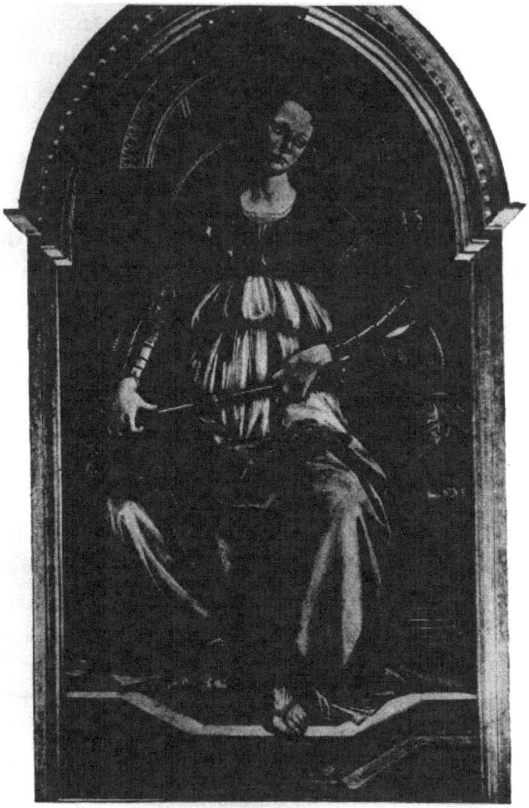

Florenz, Uffizien.

FORTEZZA

Was Botticelli in jungen Tagen bereits als Maler vermochte, zeigen noch deutlicher zwei kleine Werke, die aus Bianca Capellos »Studio« in die Uffizien gelangten. Sie schildern zwei Episoden der Judith-Legende: die Heimkehr der jüdischen Heldin aus dem Lager der Assyrier und die Auffindung des toten Holophernes. Vernehmlicher, als in der »Fortezza« äussert sich hier, besonders im ersten Gemälde, das specifisch Botticelleske. Mit dem Grau der Morgendämmerung verbinden sich das Orange und Violett der Gewänder zu einer Farbenstimmung, die kein anderer Florentiner ersinnen konnte; auch hätte keiner die Gestalt der Judith so eigenartig aufgefasst. Sie galt im republikanischen Florenz als ein Symbol der bürgerlichen Freiheit; aber die »liberatix patriae suae«, die Donatellos Bronze verkörpert, ihr düsteres Pathos, ihre Zorngebärde liessen den jungen Botticelli kalt. Wiederum malte er ein träumendes Weib, das wie eine sanftere Schwester der »Fortezza« anmutet. Auch sie hat das blonde Haupt gesenkt und vor den versonnenen Mädchenaugen geistern noch die Schreckensbilder der verflossenen Nacht. Hinter ihr zerreisst Kampfeslärm die Morgenstille. Sie hört und gewahrt es nicht. Weder Furcht, noch Freude beflügeln ihren Schritt. Langsam und zögernd nur wandert sie, mit der Rechten das Schwert, in der Linken den Ölzweig des Friedens haltend, gen Bethulien. Botticelli wusste um den Reiz des Kontrastes. Darum gab er diesem Adelsgeschöpf eine stumpfsinnige Sklavin zur Gefährtin, die auf ihrem Kopfe gleichmütig wie einen Krug Wassers, das Haupt des Holophernes trägt, und ihre unvornehme Art zu laufen hebt sich scharf von Judiths königlichem Schreiten ab. Auch die »Auffindung des Holophernes« birgt manche Züge, die, Wegweisern vergleichbar, auf die Pfade von Botticellis späterer Entwickelung deuten. So lässt seine Angst vor »toten Stellen« sich klar erkennen: jeder einzelne der assyrischen Krieger, die den hauptlosen Leichnam umdrängen, scheint bis ins Mark erschüttert von dem grausigen Anblick; jeder äussert durch Gebärden seine Ergriffenheit und jede Geste offenbart das besondere Wesen des Menschen, der sie vollführt. Diese Tugend wird bei Sandro bisweilen zum Fehler. Über dem Bestreben, das Innenleben jedes Einzelnen möglichst eindringlich zu schildern, verlor er den Blick für die Gesamtwirkung all dieser Mienen und Gebärden. Die Geste des Einen beschränkt die Armfreiheit seines Nächsten; die Köpfe drücken einander, der Raum deucht überfüllt und die Composition verworren.

Wie eng sich Botticelli damals an den grössten Meister des Nackten in Florenz, an Pollaiuolo, anschloss, zeigen der Leichnam des Holophernes und deutlicher noch seine Einzelfigur des heiligen Sebastian vom Jahre 1473 im Berliner Museum. Einstmals trug dieses Bild sogar Antonio Pollaiuolos Namen. Seltsam genug; denn es ist voll vom Geiste Botticellis. Man denke nur an den Sebastian Pollaiuolos der National-Gallery. Antonio, der Maler-Bildhauer, sah in dem Heiligen nur einen Akt, in den Henkern eine Kombination mehrerer Bewegungsmotive. Für Sandro dagegen handelte es sich in erster Linie um Stimmung: die Schergen haben die Richtstätte bereits verlassen und verlieren sich in der Ferne. Alles ist vorüber. Niemand kümmert sich mehr um den Heiligen, der pfeildurchbohrt an seinen Baum gefesselt blieb. Doch scheint er seiner Schmerzen nicht zu achten. Nur das edelgeschnittene Antlitz mit dem feinen Leidenszug um die Lippen hat er leicht gesenkt. An einen Epheben des Praxiteles wird man eher gemahnt, denn an einen christlichen Märtyrer. Ein paar Schritte hinter dem Heiligen langen die laubleeren Äste eines jungen Baumes wie klagend in die Luft. Einige Cypressen, ödes Gestein und das Meer bilden den Hintergrund des Bildes. Dies alles ergreift durch seine traurige Armut, aber »Botticelli hatte kein inneres Verhältnis zur Natur und behandelte die Landschaft stets als Nebensache«. Dieser Satz gehört zu jenen ewigen Krankheiten der Kunstgeschichte, die sich aus einem Buch ins andere forterben. Kein Wunder: denn im Malerbuch Leonardo da Vincis steht zu lesen ... »So sagte unser Botticelli, das Studium der Landschaft sei eitel; wenn man nur einen Schwamm voll verschiedener Farben gegen die Wand werfe, so hinterlasse dieser einen Fleck auf der Mauer, in dem man eine solche Landschaft erblicke ... und jener Maler schuf sehr traurige Landschaften« ... Ob Sandro diese Worte im Ernst oder aus Freude am Paradoxen gesagt, wer mag dies heute entscheiden? Hält man sich aber nicht an Sätze Leonardos, dagegen an Botticellis Bilder, so erwächst der Schöpfer jener »tristissimi paesi« zum grossen Künstler der Landschaft. Grazien und Göttinnen schreiten über einen Blütenboden, der in tausend Farben leuchtet; Veilchen, Anemonen, das junge Gras, das unterm Windhauch bebt, alles ist mit peinlichster Beobachtung der besonderen Einzelformen jeder Pflanze geschildert. Sandro malt »im dunklen Laub die Goldorangen«, der Duft weisser Lilien und farbiger Rosen weht aus manchen Bildern uns entgegen, und bereits vor vier Jahrhunderten wusste Botticelli um eine Entdeckung der Moderne, die Poesie der Öde, das heilige Grauen der Verlassenheit. Das Meer, bleifarben und reglos, den blaugrauen Himmel, zerklüftete Felsen und den braunen Strand, – solche Symphonien des Schweigens, wie man heute sagt, hat Botticelli öfter komponiert. Es ist etwas Grandioses und Vorweltliches, etwas Keusch-Geheimnisvolles um seine Landschaften; nur Heilige und Götter dürfen darin hausen, nicht die Schar der Staubgeborenen, mit denen man die topographisch aufgefassten Veduten der Baldovinetti und Pollaiuoli oder die Prospekte Ghirlandajos und seiner Schüler bevölkern kann.

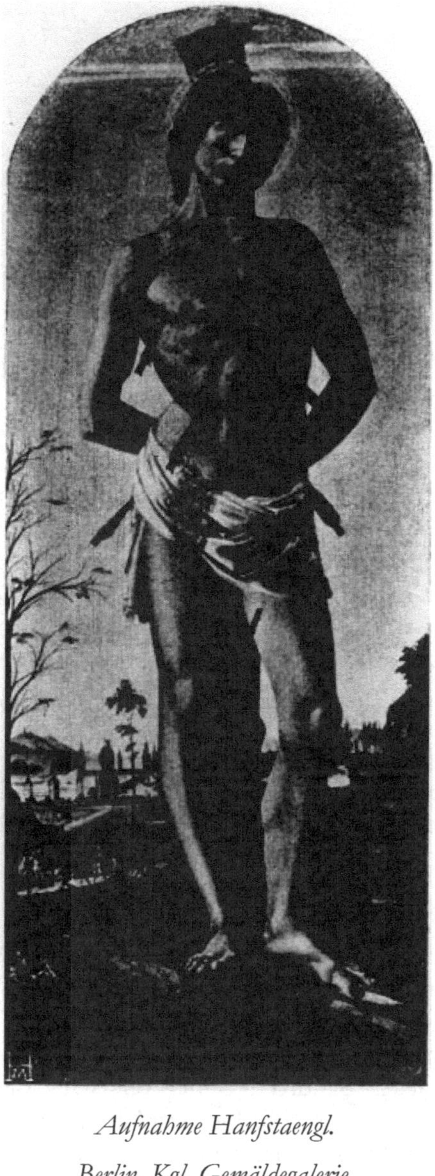

Aufnahme Hanfstaengl.

Berlin, Kgl. Gemäldegalerie.

DER HEILIGE SEBASTIAN

Kapitel 2

Botticelli starb unvermählt. »Eines Tages,« – erzählt ein Florentiner Schriftsteller des Cinquecento – »drängte ihn Messer Tommaso Soderini zur Heirat; aber Sandro antwortete: »Ich will Euch sagen: vor einigen Nächten träumte mir, ich hätte ein Weib genommen. Darob erfasste mich solcher Schmerz, dass ich aufwachte und, um nicht wieder einzuschlafen und das nämliche noch einmal zu träumen, erhob ich mich und lief, einem Verrückten gleich, die ganze Nacht durch Florenz ...««

Diese reizende Anekdote, die alles enthält, was von Botticellis Verhältnis zum Weibe überliefert ist, zeigt nur, wie Sandro, nach Art vieler Grossen, wohlmeinender Zudringlichkeit gegenüber sich hinter trivialem Spott verschanzte. In Wahrheit mochte das Weib eine grössere Rolle in seinem Leben spielen, und was seelische Scham ihm auszusprechen verbot, künden deutlich genug seine Werke, vor allem seine Madonnenbilder. Maria, die heilige Gebenedeite, steht im Mittelpunkte seines Schaffens; aber nicht die unnahbare, in starrer Herrlichkeit thronende regina coeli des Mittelalters, sondern die scheue ancilla Domini, die am tiefsten leiden musste unter allen Frauen dieser Erde und deshalb am besten weiss um alles Menschenweh ...

»Vergine Madre, figlia del tuo Figlio«

diesen Anfangvers jener Marienhymne, die Dante seinen heiligen Bernhard jubeln lässt, schrieb Botticelli in einem grossen Altargemälde der Florentiner Accademia auf den Sockel von Marias Thron. Er wurde mit der nächsten Zeile

»Umile ed alta più che creatura«

zum Leitmotiv für alle Madonnenbilder Botticellis; Hoheit und Demut, Jungfräulichkeit und Mutterschaft, das geistige Sich-Hingeben an den heiligen Sohn, all dies gestaltete Botticelli zur unlöslichen Einheit. Lebte doch vom Mönch wie vom Troubadour etwas in seiner Seele; einem lyrischen Asketen gleicht Sandro in seinen religiösen Bildern, glaubensernst und doch süssen Wohllautes voll. Der Lyriker wuchs mit den Jahren zum Pathetiker; seine Ausdrucksmittel wurden reicher und gewaltiger; was er vordem in halben Tönen nur geklagt, brauste nun wie Orgelfluten dahin; aber selbst diese letzten Schöpfungen bergen kein andres Ziel als die ersten; die Verse Dantes schimmern, Leitsternen gleich, über allen Wegen, die der Madonnen-Maler Botticelli wandelte ...

Die Kunst des Mittelalters kannte nur die ernste Königin, um deren Thron sich die »baroni di Cristo« wie heilige Paladine scharen. Fra Filippo, Sandros Lehrer, brach als erster mit dem strengen Schema des ceremoniösen

Andachtsbildes und malte eine junge Florentinerin, die ihr bambino liebkost, indes ein paar lustige Engelsknaben dem traulichen Spiel der beiden zusehen. Botticelli übernahm dies Motiv von seinem Lehrer, aber seiner innersten Natur gemäss vergeistigte er's und wandelte das Familienidyll ins Tragische. Ein frühes Madonnenbild Sandros, das einst dem Principe Chigi gehörte, offenbart den ganzen Wesensunterschied zwischen Botticelli und seinem Meister um so deutlicher, als in der Formgebung des Gemäldes noch eine leise Erinnerung an die Art des Frate durchklingt. Fra Filippos frohgemuter Engel ist zu einem blassen Himmelspagen geworden. Traurig lächelnd tritt er, die Augen halbgeschlossen, mit Ähren und Weintrauben, den Symbolen der Eucharistie, vor die Madonna und ihren göttlichen Sohn. Gedankenverloren ergreift Maria einen Halm, indes Jesus, der auf ihrem Schosse ruht, mit der Kinderhand die Zeichen seines Todesopfers segnet. Da ist jener schwerblütige Botticelli, der niemals lacht, kaum die Lippen zu melancholischem Lächeln verzieht! Seine Madonna und sein Jesusknabe haben immer das Kreuz von Golgatha vor Augen. Darum ist dies Kind so feierlich-ernst und in Mariens Antlitz nur hoffnungslose Resignation zu lesen; darum vermag die Madonna vor innerem Grauen ihr eigen Kind manchmal nicht anzublicken; darum presst sie es wieder in schmerzlichem Krampf an ihren Busen und hält es da mit beiden Armen fest, als wollte sie es gegen einen frevlen Räuber schirmen.

Auch die Engel, die, aus göttlichen Höhen niedersteigend, sich dem »Sohne des Menschen« verehrend nahen, diese morbiden Geschöpfe mit den flackernden Blicken der Fieberkranken wissen um das Schicksal des Welterlösers. Mit Blumen sind ihre Locken durchflochten, aber die blassen Lippen, die frohe Hymnen jubeln möchten, zucken in verhaltenem Weh und man glaubt die dumpfen Klänge eines Sterbeliedes zu vernehmen. Dem Jesuskinde gab Botticelli den kleinen Johannes zum Spielgenossen, einen hysterischen Knaben mit krankhaft funkelnden Augen. Er ahnt ebenfalls die Pfade des Leidens, die Jesus und er selber wandern müssen. Denn zuweilen kniet er vor dem Gottgesandten, und legt, sich ihm angelobend, die Rechte ans Herz, kreuzt, – das orientalische Zeichen willenloser Ergebenheit, – die zarten Kinderarme über der Brust, oder die beiden todgeweihten Knaben umarmen einander wie zum ewigen Abschied …

Wir besitzen viel derartige Gemälde, die meistens für häusliche Andacht bestimmt waren. Aber nur ihre Anlage verrät botticellesken Geist; die Ausführung überliess Sandro, wie üblich beim Werkstatt-Betrieb, den Gehilfen und so können solche Bilder nur als mehr oder minder bedeutendes Schulgut betrachtet werden. Eigenhändige Schöpfungen dieser Art, in denen poetische Conception und feinste technische Ausführung restlos ineinander aufgehen, haben wir leider nur wenige. Als schönstes darf man, ohne Widerspruch befürchten zu müssen, das sogenannte »*Magnificat*« der Uffizien rühmen. Das Gemälde ist ein Tondo d. h. in jener kreisrunden Form gehalten, die als charakteristisch für Botticelli und seine Schüler gelten kann. Sieht man von Plastikern ab, so war auch hierin Fra Filippo Botticellis Vorgänger. Seine »Madonna mit dem Kinde« im Palazzo Pitti ist wohl das früheste religiöse Tondo der Florentiner Malerei. Aber der Frate sah in der Rundform nur eine zufällige Äusserlichkeit, die auf die Gesamt-Anlage des Gemäldes ohne Einfluss blieb. Sandros Magnificat dagegen ist bereits als Tondo erdacht: die Haltung Mariens und des einen Engels, die Arme von zwei anderen wiederholen leise, doch nachdrücklich die Rundlinie des Rahmens und überall herrscht eine seltsam weiche Formgebung. Dies alles sind ohne Zweifel hohe Vorzüge des Gemäldes; aber auch in dem Magnificat stört die obligate Schwäche botticellesker Tondi, jene unübersichtliche und gedrängte Komposition, die überall, wo es um lebensgrosse Figuren sich handelt, merkbarer als z. B. in dem kleinen Holophernes-Bilde, hervortritt. Vor den grossen Köpfen, die förmlich aneinander kleben, gewahrt man kaum die Körper; man sieht eine geöffnete Bibel, in die Maria den Hymnus an sich selber schreibt; aber niemand könnte angeben, wo sie eigentlich aufruht, und das Tintenfass müsste dem Engel, der es Maria reicht, unfehlbar aus den Händen gleiten. Die Krone über dem Haupte der Madonna liegt auf den ausgestreckten Engelsfingern und diese machen nicht den leisesten Versuch, sie zu erfassen und festzuhalten. So hört man öfter vor dem Bilde bemerken. Ob Botticelli aber – in diesem letzten Fall – nicht vielleicht von dem Rechte Gebrauch machte, das nur den Grössten freisteht und bewusst »verzeichnete«? Dies Gemälde scheint wunderbar frei von aller Erdenschwere. Hätte er nun – wie Fra Filippo in der Marienkrönung der Accademia – die Krone zu einem wägbaren Goldreifen gemacht, dessen Gewicht auf den Fingern lastet, so wäre dies ein Missklang, ein Forte in der Pianissimo-Stimmung des Bildes. Darum hat Sandro die Krone nicht, wie andere Künstler thaten, als eine Metallmasse dargestellt, sondern sie gleichsam entmateralisiert, in einen goldenen Strahlenglanz verwandelt, der, vom heiligen Geiste niederfliessend, sich zu unzählbaren Sternen verdichtet; diese aber bedürfen keiner Stütze, um feierlich hehr über Marias Haupte zu schweben. Bei der gekrönten Magd des Herrn erinnert, im Gegensatz zu den Häuptern der Judith und Fortezza, kein Zug mehr an die rundlichen derbknochigen Gesichter der Pollaiuoli. Ein leicht geneigtes blasses Antlitz von traumhaft weichem Oval; volle feingezogene Lippen, die wie zu leiser Frage sich öffnen; seltsam tiefe Mundwinkel, Augen, die Vergangenes oder Zukünftiges, aber nie eine Gegenwart zu erblicken scheinen; seidige Locken, die erst zu schweren Knoten sich winden, dann sich auflösen und in goldbraunen Wellen, unter einem weissen Schleier hervor, längs der Wangen auf die Schultern rieseln, – all das vereint sich zu jenem Botticelli-Typus, von dessen Schönheit solche Sätze freilich nicht die leiseste Vorstellung vermitteln. Botticellis Bilder lassen sich eben nicht »beschreiben«. Man kann pedantisch analysieren, *was* in ihnen wirkt, ihr Zauber selbst lässt sich so wenig in Worte umsetzen wie eine Melodie oder ein Accord. Das liegt im Wesen von Botticellis Kunst begründet.

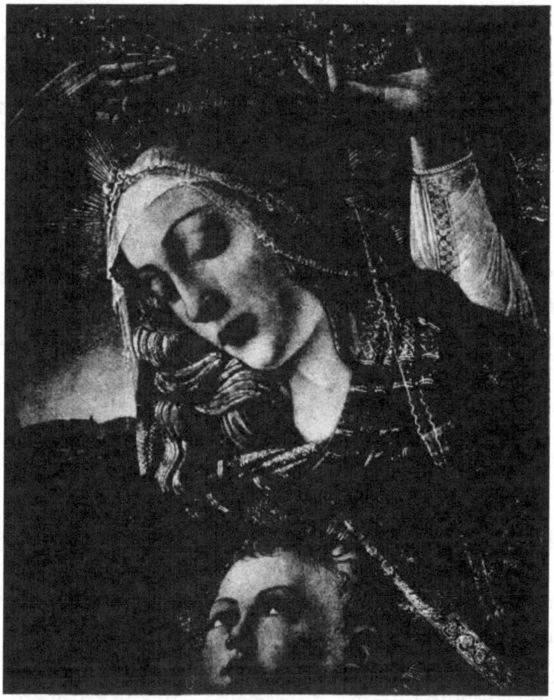

Florenz, Uffizien.

KOPF DER MADONNA (aus dem »Magnificat«)

Bisher hatte die Quattrocento-Malerei ihr Ziel in der Wiedergabe der Sinnenwelt gefunden; sie war, um eine Wendung Leone Battista Albertis zu gebrauchen, ein Abbild der »cose vedute«, der gesehenen und sichtbaren Dinge. Der Kunst Botticellis aber ist nichts gemein mit dieser episch-deskriptiven Art der anderen Florentiner; die Schilderung der Aussenwelt wird nie zum Selbstzweck, sondern ein reiches Gefühlsleben ringt nach bildmässiger Form. Als Ausdrucksmittel diente Botticelli hierzu die *Linie.* »Unter Umriss« – sagt wiederum Alberti – »wird man in der Malerei die Umfangslinien eines Körpers verstehen« und in der objektiven florentinischen Malerei kommt der Linie auch keine andre Bedeutung zu. Botticellis Umriss jedoch ist mehr als eine blosse Begrenzungslinie. Der botticelleske Kontur führt, wie eine Melodie, sein vom Körperlichen losgelöstes Sonderdasein, nicht als »Umfangslinie eines Körpers«, sondern wie etwas Immaterielles, wie einen Reflektor seelischer Stimmungen empfindet man ihn; Melancholie, Schwermut, die mystischen Schauer religiöser Ekstasen und jede noch so scheue Gefühlsnuance fanden in Botticellis Linie klaren und bestimmten Ausdruck. Die Ausdrucksfähigkeit der Linie suchte Sandro auf alle Weise zu steigern: Schweres und Massiges mied er, stellte am liebsten überschlanke Körper dar, aus denen die Seele gleichsam von innen heraus leuchtet; bevorzugte spinnenwebhaft dünne, weich anliegende Gewänder, die den Körper weder beschweren, noch ihm Bewegungsfreiheit rauben, liebte vor allem *Bewegung* als solche. Die blosse Freude an der Gebärde, wie sie den Cinquecentisten eigen war, hat Botticelli jedoch nie besessen; die leiseste Geste entspringt ebenso wie jene Convulsionen, die den Körper krümmen und auseinanderbiegen, einer seelischen Notwendigkeit; in allem spiegelt sich jenes ruhelose Innenleben, das vor Botticelli kein Florentiner Künstler ins Bild zu bannen vermochte. Durfte er seinem Temperament nicht folgen, musste er, wie bei grossen Altarbildern, auf das Schildern von Bewegung verzichten, konnte er seinen Gefühlen keinen adäquaten Ausdruck geben, so scheint er leer und langweilig; die Sprache der Convention hatte keine Worte für Sandro Botticelli.

Trotzdem bieten auch die grossen Kirchenbilder Sandros genug des Neuen und Fesselnden. Sein Verständnis für den Stimmungswert kostbarer Ziergeräte und leuchtender Blumen, seine Fähigkeit, den Eindruck des Feierlich-Religiösen, des Visionären und Traumhaft-Fernen zu erzwingen, dies alles will im Einzelnen bewundert sein. Auf die früheste Vergangenheit greift Sandro in seinen Mitteln da zurück und scheint doch wieder manche Meister ferner und fernster Zukunft vorzuahnen. Wir besitzen nur vier umfangreiche Altargemälde von Botticellis eigener Hand, aber jedes kennzeichnet den grossen Meister der Stimmung oder wenigstens den religiösen Maler im strengsten Sinne des Wortes. Eine frühe, durch Überpinselung leider arg entstellte »santa conversazione« der Florentiner Accademia zeigt den jungen Sandro noch ängstlich in den Spuren der Pollaiuoli wandelnd: »cose vedute.« Ganz anders schon wirkt die sogenannte Palmen-Madonna vom Jahre 1485, die aus der Florentiner Kirche St. Spirito ins Berliner Museum gelangte. Maria hat auf einem stufenerhöhten Marmorthron Platz genommen. Ein wenig vor ihr stehen Johannes der Täufer und Johannes der Evangelist. An diesem althergebrachten Kompositions-Schema für »sante conversazioni« durfte Botticelli nichts ändern. Und doch hat das Gemälde kaum etwas gemein mit allen Bildern, die damals in Florenz den nämlichen Stoff behandelten. Jede Farbe scheint zum Duft geworden. Als ob man in einem südlichen Hain atmete. Palmen und Binsen formen hinter der Madonna eine Nische; Myrthen und Cypressenzweige schlingen sich ineinander; auf der Marmorbalustrade stehen vier Körbe voll Rosen; Büschel von Oliven gewahrt man in edelgeformten Vasen; aus ihrer schwarzgrünen Pracht steigen hochgestielte weisse Lilien auf und von all dieser Herrlichkeit wird das nie entweihte Magdthum Marias umblüht. Ein Künder unserer Sehnsucht deucht Botticelli in diesem Gemälde und griff doch auf das gotische Mittelalter nur zurück, dessen sinnlich-übersinnliche Hymnen manche Vergleiche zwischen Maria und den Blumen enthalten. Jener spitzfindigen scholastischen Vorstellung vom »hortus conclusus«, die kein Humanist seines Spottes mehr würdigte, gab Sandro in seinem Bilde künstlerische Form.

Tu rosa, tu lilium,
Cuius dei Filium
Carnis ad connubium
Traxit odor ...

Die anderen Florentiner Maler im Quattrocento erstrebten die Illusion des Wirklichen, Sandro die des Unwirklichen. Darum verwandte er, gleich den Meistern des Trecento, häufig Gold als Stimmungselement. Blendender Strahlenglanz fliesst, wo es nur angeht, vom Himmel zur Erde nieder.

Veni, sancte spiritus
Et emitte coelitus
Lucis tuae radium ...

In der grossen Marienkrönung der Accademia hat das himmlische Jerusalem seine Pforten aufgetan und in goldener Majestät erblicken wir Maria, der Gottvater die Krone aufs Haupt setzt. Voll seliger Verzücktheit schauert die Schmerzensreiche zusammen; jubelnd schwingen Engel den Reigen um die neue Herrin und werfen ihr Rosen zum freudigen Willkomm. Nie wieder hat Sandro so göttlich leichtes Tanzen gemalt, nie wieder Engel, so frei von Erdenlast. Ergreifend ist der Kontrast zwischen der goldenen Strahlenpracht des Jenseits und dem klippenreichen Strand, auf dem vier Heilige trauernd zurückbleiben. Auch ihre Schwere hat Sandro vielleicht in bewussten Gegensatz zur Grazie der Engel gestellt. Leider wirken diese Gestalten auffallend leer. Musste Sandro der Schilderung des Bewegten entsagen, den Körper gar noch mit priesterlichen Gewändern, der Dalmatica, der Casula und dem Pluviale behängen, so kam wenig mehr dabei heraus als ein »mächtiger« Faltenwurf und ein paar malerische Schönheiten. Ein Haupt, das der Kardinalshut oder die Mitra decken, ist bei Sandro langweilig. Er wusste Menschen darzustellen, die ihres Gottes Antlitz suchen, keine Würdenträger der Kirche.

Man betrachte daraufhin jenes grosse Altargemälde der Accademia, wo sieben Heilige sich um die Madonna scharen. Der purpurdunkle Baldachin, mattgoldene Reliefs und eine feierliche Architektur ergeben als Ganzes eine Farbenwirkung, deren dekorativen Prunk erst die Künstler des Barock wieder erstrebten; der Panzer des Erzengels Michael ist mit einer Freude am rein Malerischen behandelt, die den meisten italienischen Quattrocentisten fremd blieb, und der seltsam kühlen Pracht eines Farbeneffektes, wie ihn der weisse Handschuh des heiligen Ambrosius, der blutrote Edelstein darauf und ein blauer Bucheinband hervorbringen, wird man erst in französischen Bildern des neunzehnten Jahrhunderts begegnen. Die Figur des heiligen Johannes ist die männlichste Gestalt, die Botticelli je geschaffen; kraftvoll und durchlodert von düsterer Asketen-Glut. Und doch lässt dies Gemälde, dessen Raumverhältnisse durch eine dumme Anstückelung überdies verschoben sind, ziemlich kalt; das lediglich Repräsentierende war, besonders in Verbindung mit lebensgrossen Figuren, eben niemals Botticellis Sache. Durfte er das Ceremonienbild in kleinerem Format halten, Feierlich-Starres in Bewegung auflösen, so konnte selbst auf diesem Gebiet, das den Lyriker Sandro fremd anmutete, ein Werk entstehen wie jene Anbetung der Könige in den Uffizien, die, vom rein malerischen und zeichnerischen Standpunkt aus betrachtet, Botticellis höchste Leistung bedeutet.

Die Anbetung der Könige war im Quattrocento ein beliebter Vorwurf der Florentiner Malerei. Hier konnte sie leicht ihre Freude am Porträt bethätigen und hervorragende Bürger ins Gefolge der Könige reihen. So weit aber wie Botticelli hatte sich keiner der früheren vorgewagt; er hat als erster selbst die Gestalten der Könige in Bildnisse gewandelt. Diese Neuerung hängt aufs engste zusammen mit der Entstehungsgeschichte des Gemäldes. Im Jahre 1469 war der Sohn Cosimos de' Medici, der gichtkranke Piero, gestorben, und seine Kinder Giuliano und der prunkende Lorenzo lenkten die Geschicke der Republik Florenz. Die beiden Jünglinge waren hochgesinnt, voll Kraft und Jugend, den Frauen hold; jedem Manne von Verdienst standen die Pforten ihres Palastes offen. Verskünstler und schönheitsfrohe Ästheten, konnten sie trotzdem, wenn es not that, zu eiskalten Realpolitikern werden; das Ansehen des Staates nach aussen hin war bei ihnen wohl aufgehoben. Das niedere Volk liebte die beiden und Lorenzo, der ältere und anscheinend thatkräftigere, wusste diese Neigung zu erhalten. Er fütterte den Pöbel mit Schaustellungen aller Art. Das hielt einerseits vom Nachdenken über den Verlust der politischen Freiheit ab und gab andrerseits den Medici Gelegenheit, ihren Ästhetendrang zu befriedigen, für eine kurze Spanne Zeit diese wahre Welt in ein schöneres Traumland zu verwandeln. Ritten sie auf Piazza Santa Croce, geleitet von den edelsten Jünglingen, in die Turnierschranken ein, um zu Ehren ihrer Damen eine Lanze zu brechen, so entwarf Antonio Pollaiuolo den Schmuck der Rosse, in der blauen Luft flatterten seidene Fahnen, gemalt von Verrocchio oder Botticelli, und die tönenden Stanzen der mediceischen Hausdichter verglichen ihre Grossthaten mit denen Scipios und Alexanders. Der goldene Glanz blendete aber nicht die Augen aller; viele betrachteten das Regiment der Brüder mit scheelen Blicken und gerade die vornehmste Familie nächst den Medici, die Pazzi, verfolgten die Beiden mit unversöhnlichem Hass. Sie gewannen die Unterstützung des Papstes und beschlossen, am Ostermorgen des Jahres 1478, während des feierlichen Hochamtes im Dom, Lorenzo und Giuliano zu ermorden. Aber nur das Blut des unglücklichen Giuliano floss »aus unzähligen Wunden« über den heiligen Boden; Lorenzo flüchtete durch die Thür der Sacristei, rief seine Getreuen zu den Waffen und nahm fürchterliche Rache an den Gegnern. Botticellis Epiphanie, die ein unbedingter Parteigänger der Medici malen liess, bekundet einen Freundesdank für Lorenzos wunderbare Rettung. Die toten Ahnen und die lebenden Gefährten huldigen mit Lorenzo der schirmenden Allmacht. Darum wurde, was vordem nur ein Mittel zur Wirklichkeitsillusion gewesen, bei Botticelli Selbstzweck des Bildes. Nur um seiner neunundzwanzig Porträts willen scheint es überhaupt gemalt. Maria, Joseph und das Kind nehmen zwar – vielleicht im Anschluss an Leonardos Epiphanie vom Jahre 1478 – nicht mehr, wie es bislang Sitte war, eine Ecke, sondern die Mitte des Gemäldes ein; aber Botticelli hat – zum ersten und letzten Male – der heiligen Familie nicht den Hauptaccent geliehen. Man gewahrt sie kaum; denn unwillkürlich haftet der Blick an den Bildnisgruppen des Vordergrundes, deren diskrete und reizvolle Art sich zu bewegen selbst dem in solchen Dingen anspruchsvollen, Cinquecento Respekt abnötigte. Da ist der greise, damals schon längst verstorbene Cosimo de' Medici mit dem prachtvollen Senatorenhaupt; er neigt sich ehrerbietig, aber nicht allzu inbrünstig, den Fuss des Kindleins zu küssen; wie etwa ein mächtiger Vasall seinem jungen Könige huldigt. Hinter dem Vater knieen seine – ebenfalls toten – Söhne, Piero und der nicht minder schöne als lasterhafte Giovanni de' Medici. In der Ecke links vorne steht, seine Hand wie träumend am Schwerte haltend, der prunkende Lorenzo und dem vornehmsten Medici stellte, nicht allzuweit vom ermordeten Giuliano, sich Botticelli selber gegenüber; er kannte seinen Wert und wusste sich richtig einzuschätzen. An diese Hauptpersonen reiht sich zu beiden Seiten statistenartig das Gefolge. Freilich im »Teatro del mondo«, auf der Bühne des Lebens, hatte wohl jeder dieser Männer eine grössere Rolle durchzuführen; es wäre eine lockende Aufgabe, all diese Personen zu identificieren und, von Botticellis Bild ausgehend, die Geschichte der mediceischen Kultur zu schildern.

Nicht nur den Triumph der Sieger, auch die Schmach der Gegner musste Botticelli aller Welt verkünden und nach alt-toscanischer Sitte auf die Mauern des Palazzo del Podestà einige Mitglieder der Pazzi-Familie und ihre Anhänger als Verräter malen, d. h. mit den Füssen nach oben. In der Sammlung Bonnat erinnert eine Zeichnung Leonardos an jenes Schand-Fresko, das Botticelli selber noch – gewiss ohne Schmerz – zerstören sah; heute besitzt Florenz nur mehr eine einzige Probe seiner Art »al muro« zu malen, jenen heiligen Augustin, den er für einen Vespucci in der Ognissanti-Kirche schuf. »Das Werk gelang ihm vorzüglich«, – meint Vasari – »weil das Haupt des Heiligen tiefes Nachdenken und jene höchste Feinheit des Geistes offenbart, wie sie klugen Menschen eigen ist, die sich beständig mit dem Ergründen sehr hoher und schwieriger Probleme befassen.« An der Wand gegenüber sieht man die Einzelgestalt des heiligen Hieronymus, die Domenico Ghirlandajo – ebenfalls für einen Vespucci – dort al fresco malte. Ein Blick auf dieses Werk genügt, um Botticellis Wesen und Vasaris Lob zu begreifen. Ghirlandajos Hieronymus, ist, was das Künstlerische anlangt, ein missglückter Versuch, die Feinmalerei flandrischer Meister mit dem monumentalen Freskostil zu vereinen. Und was hat, hinsichtlich des Geistigen, dieser phlegmatisch dreinschauende alte Herr mit dem einsamen Büsser von Bethlehem gemein; wer traut ihm das Pathos der »Briefe« zu? Der Heilige Botticellis gleicht dagegen aufs Haar dem Bischof von Hippo, wie er in seinen »Bekenntnissen« so prachtvoll lebendig uns entgegentritt, jenem Mann, dessen Seele alle Stürme durchbrausten, der die Leidenschaften kannte und selbst vor seinem Intellekt auf der Hut sein musste. An die satten und zufriedenen Renaissance-Heiligen wird niemand vor dieser in grossen Zügen hingestrichenen Gestalt denken; wie die meisten Heiligen Botticellis, der Johannes Evangelista der Palmenmadonna oder der Eligius der Marienkrönung, geht auch der Agostino im Typus auf die finsteren und wilden Asketen trecentistischer Altarwerke zurück. Denn Botticelli liebte die damals so verachtete gotische Malerei, die er vielleicht als christliche Kunst an sich empfinden mochte. Nannte man ihn doch sogar den »letzten Künstler des Mittelalters«. Gewiss mit Unrecht. Er wollte – in jenen Tagen wenigstens – nur das Ewige der Kunst des Trecento von allem loslösen, was an ihr historisch-bedingt und vergänglich war, oder, wie man heute sagt, den lebendigen Duft der toten Dinge in sein Werk herüber retten. Botticellis Verhältnis zum Mittelalter ist rein ästhetischer Natur geblieben und gleicht jenem, das vierhundert Jahre später Rossetti und Burne Jones zu seiner eignen Kunst fanden.

Botticellis Namen hatte unterdessen, auch jenseits der Florentiner Gemarkung, guten Klang erworben. Seine Vaterstadt wollte Sandro mit dem Freskenschmuck im Audienzsaal des Palazzo della Signoria betrauen; aber dies Werk wurde niemals in Angriff genommen; denn vorher schon rief ihn, als er gerade fünfunddreissig Jahre zählte, der ehrenvollste Auftrag, der an einen Künstler der Christenheit ergehen konnte, nach Rom. Dort hatte der gelehrte und streitbare Franziskaner-Papst Sixtus IV. von Giovanni de' Dolci jene Kapelle erbauen lassen, die seinem Namen die Unsterblichkeit sicherte. Italiens grösste Meister sollten ihr Bestes hier vollbringen; da durfte neben Ghirlandajo, Cosimo Rosselli und Pinturicchio, neben Signorelli und Perugino auch Botticelli nicht fehlen. Die Aufgabe, die seiner harrte, war eben so gross, als schwierig und undankbar. Ausser einigen belanglosen

Papstbildnissen musste er drei umfangreiche Fresken malen, deren Themata ihm von bibelkundigen Hoftheologen vorgeschrieben waren. Die Versuchung Christi und die Reinigung des Aussätzigen bildeten den Vorwurf des ersten, Episoden aus der Geschichte Mosis den Inhalt des zweiten Freskos; im dritten wurde die Bestrafung der Rotte Korah dargestellt, und das ganze musste »aktuell« gemacht, d. h. mit zeitgeschichtlichen Anspielungen durchsetzt werden. Sandro sollte den Papst als Krieger, als Bauherrn und Gelehrten feiern und ausserdem die Porträts höfischer Würdenträger an ausgezeichneter Stelle anbringen; – auch ein Grösserer wäre da gescheitert. Botticelli rang dem spröden Stoff ab, was er konnte; mangelte ihm auch die Ruhe des Erzählers, leiden die Fresken an manchen Schwächen der Komposition, – Moses erscheint z. B. in dem zweiten Fresko siebenmal! – so wird das Auge für all dies durch viele Einzelschönheiten reichlich entschädigt. Manche Jünglinge und die Holzträgerin im ersten Fresko zählen zu Sandros best ersonnenen Figuren; der epische Ton des zweiten wird durch Stellen von bezaubernder Lyrik unterbrochen; im dritten endlich schlägt uns der heisse Atem des Dramas entgegen, und Botticellis Moses, der voll jener Majestät, die Gott ihm verliehen, seine Rechte, verdammend wider Korahs Rotte streckt, hat erst Michelangelo überboten. Seinem Wesen blieb Botticelli auch in Rom getreu. Nur er konnte zu den drei Versuchungen Christi den Abschied des Heilands von den Engeln als vierte hinzudichten, und auf dem Fresko, das Moses Thaten schildert, nehmen nicht der Auszug der Kinder Israels oder die Erscheinung des Herrn im flammenden Busch den breitesten Raum ein, sondern in den Mittelpunkt der Handlung stellte Sandro die Scene mit den Töchtern Jethros am Brunnen: »Aber Moses machte sich auf und half ihnen, und tränkte ihre Schafe« … Diese wenigen Sätze der Genesis regten Sandro zu jenem Idyll an, dessen einfältige Hoheit man nur mit dem Worte »biblisch« bezeichnen kann. Wie aus Duft und Sonne scheinen diese goldgelockten Mädchen, gleich Kindern eines Blumenlandes, von seltsam trauriger und fremder Schönheit. Sie müssen frieren unter Menschen. Vor solchen Holdgestalten empfindet man das Ganz-Persönliche von Botticellis Kunst. Hierin war er ahnenlos und keiner der Späteren erreichte ihn. Wie Hamlet von Laërtes sagt: »Seine innere Begabung war so köstlich und selten, dass nur sein Spiegel seinesgleichen ist« …

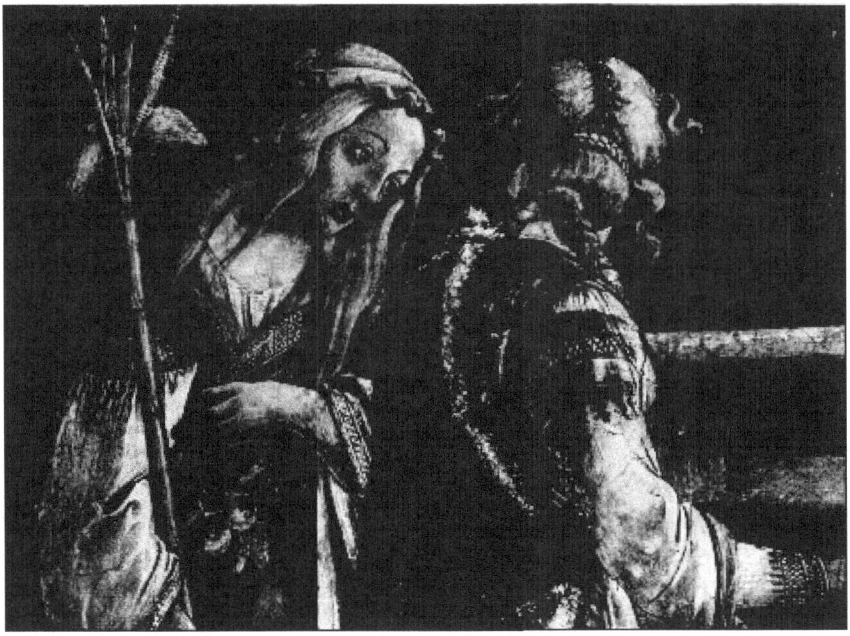

Rom, Sixtinische Kapelle.

TÖCHTER JETHROS

Detail aus dem Fresko der Sixtina

Kapitel 3

Papst Sixtus würdigte Sandros Werk, indem er – laut Vasari – Botticelli reiche Geldsummen auszahlen liess; aber »dieser lebte, seiner Gewohnheit nach, in den Tag herein, verwirtschaftete alles noch während des römischen Aufenthaltes und kehrte, nachdem er vollbracht, was ihm aufgetragen worden, gleich nach Florenz zurück« ... Hier konnte er sich bald wieder als Meister des Freskos erweisen. Diesmal galt es, die Vermählung Lorenzos Tornabuonis mit der schönen Giovanna degli Albizzi zu verherrlichen. Auf dem einen Fresko wird der junge Lorenzo in den Kreis der sieben freien Künste eingeführt: Voll edler Schüchternheit blickt er die weisen Schwestern an, indes ihn die »Dialectica« zur Philosophie, einer betagten Matrone geleitet. In dem andern Fresko begrüssen die vier Kardinaltugenden Giovanna degli Albizzi. Es ist ein ungemein delikater Zug Botticellis: gelassen und prüfenden Auges erwarten die Wissenschaften den Jüngling, der um ihre Gunst erst werben soll. Die Tugenden aber schreiten auf Giovanna zu, als wollten vier Schwestern eine fünfte umarmen, die lange fern geweilt. Heute gibt ein Treppenhaus im Louvre den halbzerstörten Fresken Obdach. Voreinst schmückten sie Chiasso Macerelli, eine Villa der Tornabuoni unweit den Bergen von Fiesole, und hier, unter Cypressen und wilden Rosen, in stiller Sonnen-Einsamkeit muss die erdenferne Poesie dieses Werkes unendlich ergriffen haben.

In strengen geraden Linien fliesst Giovannas rotes Kleid den hochgewachsenen Körper entlang. Orangenfarbige, weisse, gelbe und grüne Gewänder umhüllen die schlanken Mädchen, bei deren Anblick man sich erinnert, dass Alberti in seinem Malerbuch sagt: »Wenn man Diana malen wollte, wie sie den Chor der Nymphen anführt, so thäte man gut, die eine Nymphe in Grün, die andere in Weiss, die dritte in Rosa, die vierte in Gelb zu kleiden und so eine jede in eine andere Farbe.« Leone Battista Alberti, der grosse Theoretiker der Frührenaissance, hatte sein Malerbuch bereits im Jahre 1435 vollendet; aber erst Botticelli, der ganze elf Jahre später zur Welt kam, machte seine Anregungen sich zu nutze. Dass er's überhaupt that, hängt mit seiner Sonderstellung innerhalb der Florentiner Malerei zusammen. Die Nachahmung des Wirklichen, die den andern das Endziel aller Kunst schien, war für Botticelli nur ein Mittel; denn er glaubte mit Alberti: »man müsse darstellen, was dem Geist zu denken giebt; nicht, was die Augen sehen«. Sandro besass den feinsten Sinn für das Wesen der Form, den Gefühlswert der Farbe, mit selbstschöpferischer Phantasie war er begnadet, und all diese Maler-Eigenschaften gingen mit einem sterilen Gelehrtentum eine ebenso fesselnde als komplicierte Verbindung ein. Er war ein »letterato«, hatte den Respekt der Halbgebildeten vor Gedrucktem und Geschriebenem und nur sein Künstler-Genie beschützte ihn davor, der erste academische Maler,

Ahnherr einer Professoren-Malerei zu werden. Dass gerade Botticelli zu solcher Geistesrichtung neigte, lässt sich begreifen. Im gastlichen Palazzo Lorenzos de' Medici, wo er als Freund verkehren durfte, begegnete er Dichtern und Gelehrten und diese grossen Herren sprachen so menschlich mit dem gesellschaftlich tiefer stehenden Maler, wiesen ihm Pfade in versunkene Welten, die ihr Zauberwort eben neu belebte, und gaben dadurch seiner Kunst manche Themata.

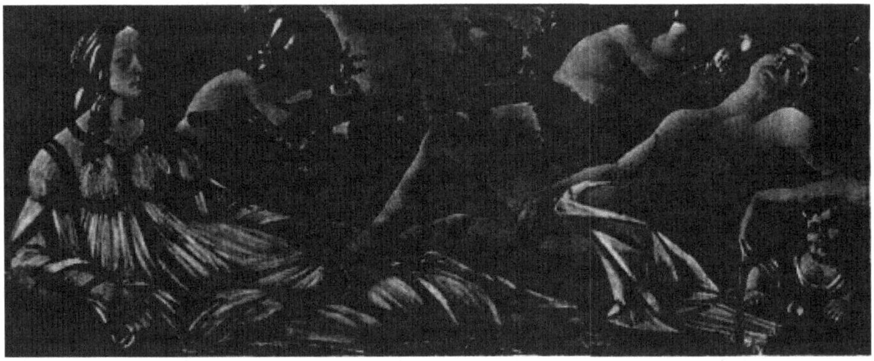

London, National Gallery.

MARS UND VENUS

In den religiösen Bildwerken trägt Botticelli – nennt ihn doch bereits Vasari eine »persona sofistica« – den Talar des mittelalterlichen Scholastikers: er malt den »hortus conclusus« Marias, und in einem andern Gemälde der Berliner Galerie, das seinem Atelier entstammt, erblickt man die sieben Geister Gottes der divina commedia als leuchtertragende Engel. Er entwirft, wiederum in Anlehnung an Dante, eine Himmelsglorie, geht, im nämlichen Bilde, auf Matteo Palmieris gelehrte Wünsche ein und Sixtus IV. hat genau gewusst, warum er gerade Botticelli das Fresko der Reinigung des Aussätzigen zuwies; kein andrer Maler hätte eine theologische Erörterung über die Sühnekraft des Blutes in Kunst umsetzen können. Selbst Äusserlichkeiten und kleine Züge verraten Sandros gelehrte Neigungen. Er meisselt Danteske Verse in Marmorthrone; man erblickt, wo es nur angeht, aufgeschlagene Bücher, Schriftrollen und Tintenfässer; auf dem Berliner Bilde der Palmen-Madonna werden die Olivenzweige in den Vasen nicht von Bindfaden, sondern von lateinischen Spruchbändern zusammengehalten; unmöglich grosse Edelsteine schmücken die Handschuhe und Mitren der Bischöfe, und gewiss möchten, an der Hand eines »liber gemmarum« mittelalterlich-symbolische Beziehungen zwischen der Wesensart der Heiligen und der Natur der Juwelen sich offenbaren.

Sein Gelehrtentum bedingte auch Botticellis eigenartiges Verhältnis zur Antike. Die Maler neben ihm, die Pollaiuoli, Ghirlandajo und seine Schüler füllten ihre Gemälde mit mehr oder minder freien Copien antiker Bauten an. Das war – im allgemeinen – Botticellis Sache nicht. Wohl nimmt auf dem Fresko von dem Untergang der Rotte Korah Constantins Triumphbogen die Mitte der Scene ein; aber die lateinische Inschrift, die seine Vorderfront trägt, »Nemo sibi assumat honorem nisi vocatus a deo tanquam Aron« mildert diesen Anachronismus und verbindet das altrömische Bauwerk mit dem alttestamentarischen Inhalt des Freskos. Ein gedankenloser Kopist antiker Kunst ist Sandro nie gewesen; er dankt ihr entscheidende Anregungen; nur führte ihn – das ist bezeichnend – Leon Battista Albertis Traktat zur alten Kunst. In dieser ästhetischen Bibel Sandros steht zu lesen: »Es gefällt, im Haare der Menschen und Tiere, in den Zweigen, im Laub, in der Gewandung eine gewisse Bewegung zu sehen« und für derartige »Bewegungen« der Haare und besonders der Gewandung, aber auch nur für solche, wurden ihm die Reliefs spät-römischer Sarkophage zum Vorbild. Seine Unabhängigkeit gegenüber der Antike hat Sandro jedoch – bewusst oder unbewusst – stets gewahrt. Dies zeigt sehr deutlich ein weibliches Idealporträt im Staedelschen Institut zu Frankfurt. Vom Individuellen ausgehend, näherte Sandro die Züge des Modells der strengen Regelmässigkeit antiker Gemmenköpfe und gab dem blonden Haar, das erst zu Zöpfen aufgebunden ist, dann lose über die Wangen rieselt, durch Bänder, Reiherfedern und eingeflochtene Perlen jene von Alberti gewünschte »Bewegung«.

Ein besseres Schulbeispiel noch, Botticellis Art zu »erklären«, bietet jene Pallas, die – lange verschollen – heute ein Gemach in den Wohnräumen des Palazzo Pitti schmückt. Auch dies Gemälde verherrlicht die Unterdrückung der Pazzi und bezeichnend für das rein ästhetische Verhältnis der mediceischen Kreise zu Christentum und Antike ist: der nämliche Botticelli feierte die Errettung Lorenzos de' Medici in einem christlichen Votivbilde, der Epiphanie, und durch eine antikisierende Allegorie, eben diese Pallas mit dem Centauren. Voll Symbolik steckt das Gemälde. Der Centaur, dem Pallas mit der Rechten bändigend ins Haar greift, war seit Dantes Zeiten ein Sinnbild der Zwietracht. Die Linke der Göttin hält eine Hellebarde und einen Ölzweig, der sich in einzig schönen Linien um ihr Gewand ranken will; das bedeutet Kraft und Frieden; ihrer Vereinigung entspriesst eine segensreiche Herrschaft: nur die Medici können mit einer solchen die Arnostadt beglücken; darum durchwirken, eine Impresa Lorenzos, drei Ringe, die sich ineinander schlingen, das Kleid der Olympierin. Das klingt pedantisch und schulmeisterhaft; aber Botticelli war ein Künstler, dem alles, was er schuf, selbst eine politische Allegorie, zum inneren Erlebnis wurde; er war ein Maler, und das will sagen: jedem, auch dem kleinsten Flächenstück in seinen Bildern kommt, lange vor seiner symbolischen, eine bestimmte sinnliche Bedeutung zu; alles ist, bevor es Allegorie wurde, als Form und Farbe erdacht gewesen. Darum wird man stets das Pathos des Centauren, den malerischen Reiz der hellen Frauenhand im dunklen Haar des Unholdes bewundern und kann, auch ohne literarische und culturgeschichtliche Vorkenntnisse, von der traurigen Schönheit der Pallas ergriffen sein.

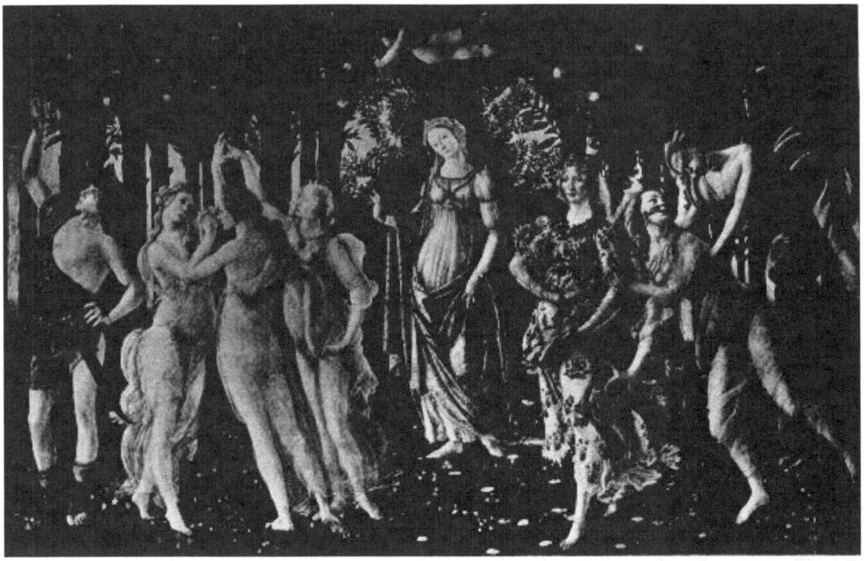

Florenz, Accademia.

DER FRÜHLING

Nicht anders ist es mit der herrlichsten Allegorie Botticellis, dem »Frühling« der Florentiner Accademia. In einem menschenfernen Haine webt der Lenz und tausend farbenbunte Blumen spriessen empor; Grazien in goldgesäumtem Schleiergewand reichen einander die Hände zum Reigen; auf zarten Füssen eilt eine Blütenfee durch all die Frühlingspracht, in der selbst der rastlose Hermes gern verweilt; seiner Mutter zu Häupten gaukelt Amor faltergleich in Lüften und mit sinnendem Lächeln blickt Venus auf ihr ewiges Reich ... »ridegli intorno tutta la foresta« ... Wer je empfand, wie die Einzelschönheiten der Formen und Farben beim Betrachten sich zur dichterischen Einheit zusammenschlossen, mag bewundert haben, wie hier ein Poet zum Maler, ein Maler zum Poeten geworden; die Frage, *was* ist hier gemalt, mögen sich nur wenige gestellt haben. Und doch sind darüber Aufsätze und Bücher geschrieben worden, in letzter Zeit sogar erbitterte Fehden entbrannt, und die Pforten zum Reich der Venus sind von hadernden Gelehrten umlagert, die uns durch Citate aus Ovid und Horaz, aus Alberti und Polizian, durch Hinweise auf die Revers-Seite von Medaillen und mailändische Holzschnitte den wahren Sinn eines Gemäldes offenbaren wollen, das sich allen Ungelehrten anscheinend von selbst erklärt. Man streitet ums Ganze wie ums Einzelne, möchte die Entstehung des Bildes mit einem Ereignis der Florentiner Zeitgeschichte in Verbindung setzen, weiss aber nicht, ob mit dem Tode der bella Simonetta Vespucci, der Muse des mediceischen Kreises oder mit der Hochzeit Lorenzo Tornabuonis; dass Botticelli mancherlei Anregungen den prunkenden Stanzen von Angelo Polizianos »Giostra« schuldet, wurde sehr scharfsinnig und überzeugend nachgewiesen; Alberti mag ihm eingegeben haben, die Grazien zu schildern, wie sie »lächelnd, mit ungegürteten und durchsichtigen Gewändern angethan, einander an den Händen halten«; verweist man jedoch, um die Anwesenheit des Hermes im Reiche der Venus zu »rechtfertigen«, auf eine horazische Ode an Venus, wo nichts weiter zu lesen ist, als »Amor und Hermes geleiten dich«, so heisst das, einen grossen Künstler nicht verstehen. Dass Botticelli ins Reich der Venus auch einem göttlichen Jüngling Einlass gewährt, musste er sich dazu erst von einer klassischen »Belegstelle« die Erlaubnis holen, und lässt sich die Wahl dieser vielgedeuteten Figur nicht vom rein künstlerischen Standpunkt aus begreifen? Vielleicht hätten diese Frauengestalten, ohne den Kontrast zu einem männlichen Akte, nicht so eindringlich gewirkt; wie könnte jene Bewegung, die, allmählig leiser werdend, das Bild von rechts nach links durchzieht, edler ausklingen, als in der geraden Linie des jünglinghaften Hermeskörpers, und glaubt man wirklich, dass nebeneinander gestellte Illustrationen zu fünf oder sechs Autoren als Summe eine unvergessliche Stimmungseinheit ergeben?

Dem nämlichen Gefühlskreise wie der »Frühling«, – »Reich der Venus« wäre ein besserer Titel für das Gemälde – der nämlichen mediceischen Antike gehört auch die »Geburt der Venus« in den Uffizien. Zu Vasaris Zeiten schmückten beide Bilder *einen* Raum und als Gegenstück zum »Frühling« ist dies künstlerisch nicht ganz so hoch stehende Bild zweifellos von Botticelli erdacht worden. Rosenblüten gaukeln durch sonnenvolle Luft und Windgötter hauchen die Schaumgeborene, die aufrecht in einer blanken Muschel steht, über das blaugrüne Meer zum Strand. Eine goldhaarige Nymphe im Blumengewande harrt, die leuchtende Nacktheit der Gebieterin mit dem Königsmantel zu bergen. Die Herrscherin betritt ihr Reich: vergebens sucht Flora, sich der stürmenden Glut des Zephirs zu entwinden, in dumpfer Mädchensehnsucht schlingen die Grazien den Reigen; alle treibenden Säfte und Kräfte des Frühlings werden lebendig, – »vereint sind Liebe und Lenz« … Anregungen von seiten Polizians und Albertis lassen sich auch in diesem zweiten Bilde nachweisen; aber Sandro wahrte doch seine Künstlerfreiheit. So wird, um ein prägnantes Beispiel einzuführen, Venus bei Polizian, gemäss dem Homerischen Hymnus an Aphrodite, von drei Nymphen empfangen; Botticelli malte nur eine und vielleicht braucht man das nicht, wie ein wohlmeinender Kunsthistoriker that, mit »Vergesslichkeit« von seiten Sandros zu entschuldigen. Jenen Glanztagen botticellesken Schaffens entstammt auch das wundersame Idyll von Mars und Venus in der

National-Gallery. Wiederum erkennt man leise Anklänge an manche Reime der »Giostra«; aber niemandem werden vor diesem Gemälde Homerische Verse einfallen: die hellenischen Götter lachen, Sandros Olympier verziehen kaum den Mund zu träumendem Lächeln. Um den schlafenden Kriegsgott, – den besten männlichen Akt, den Botticelli je geschaffen, – treiben mit den Waffen des Schlachtenerregers bocksbeinige Satyrknaben ihr tollgraziöses Spiel. Aber das schmerzverzogene Antlitz des Gottes steht in seltsamem Kontrast zu ihrem Thun, und Aphrodite, die von golddurchwirktem Pfühl mit lächelndem Ernst auf den Schlummernden blickt, ist zwar schön, aber nicht, gleich ihrer Homerischen Schwester, »unbändigen Herzens« ... Jene antike Sinnlichkeit, die untrennbar ist von gesunder und kraftvoller Schönheit, hat Sandro in seiner Venus nicht geschildert; sie hat auch mit der vampyrhaften »Frau Venus« des Mittelalters nichts gemein. Als Bewunderer der Antike schaut Sandro ehrfürchtig zum Olymp empor; selbst die entthronte Aphrodite bleibt ihm eine hoheitsvolle Göttin. Sie gleicht der nazarenischen Maria, und niemand könnte einen Heiligenschein um ihr Haupt störend empfinden. Die keuscheste nackte Frauengestalt schuf Sandro in seiner Venus; aber der »naive alte Meister« wusste auch um süsse Teufelinnen, um Weiber, die nichts als geschlechtliche Wesen sind. Da ist die »Salome« der Accademia; rostrote Haare, gierige Augen und Lippen, die verruchter Sünde entgegenzittern. Von dieser kleinen und leider nur wenig beachteten Predella führt kein Pfad zur Vergangenheit. Botticellis Salome ist nicht das »Mägdlein« der Bibel, kein Zug gemahnt an die kirchlich strenge Prinzessin Giottos, an Filippo Lippis fröhlich tanzendes Kind; aber man findet von dieser Salome einen Weg in die fernste Zukunft, zur perversen Erotik der Oscar Wilde und Aubrey Beardsley. Auf einer andern Predella naht dem heiligen Eligius die Versuchung; aber metallisch funkelnde Hörner im goldigen Zauberhaar verraten die Herkunft der Dämonin; ihre lachenden Augen und der blutrote Dirnenmund werden den Mann Gottes nicht verführen; denn er weiss: »Mulier est confusio hominis, bestia insanabilis ... fetens rosa, tristis paradisus, dulce venenum« ...

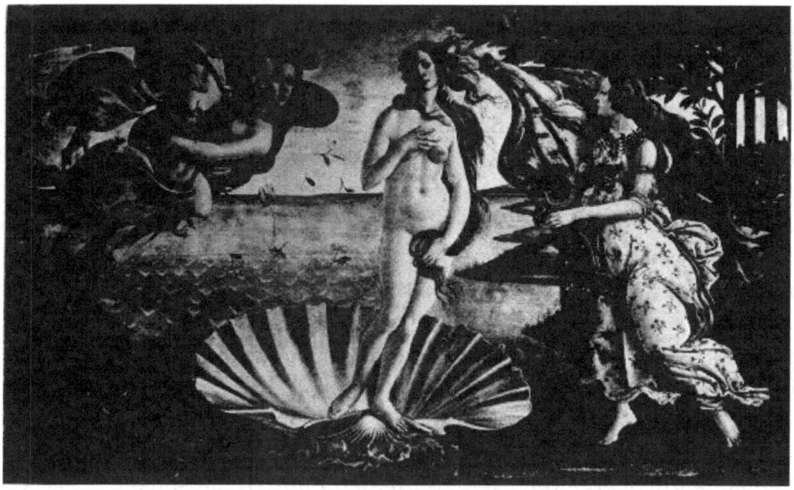

Florenz, Uffizien.

GEBURT DER VENUS

Als Botticelli seine Geburt der Venus malte, dachte er vielleicht, ein im Altertum viel gefeiertes Bild des Apelles gleichsam neu zu schaffen; ganz deutlich offenbart dies Streben nach Rekonstruktion eines verlorenen Kunstwerkes seine »Verläumdung des Apelles« in den Uffizien. Lucian gab in den Dialogen über die Verläumdung eine genaue Beschreibung von dem Bilde des Apelles. Alberti nahm diese Schilderung in sein Malerbuch auf, und aus diesem wird sie Botticelli gekannt haben. Hier, wo es in seiner künstlerischen Absicht liegen musste, folgte Sandro genau den Worten Lucian-Albertis. Man vergleiche: »Es zeigt jenes Bild einen Mann mit sehr grossen Ohren, zu dessen Seiten zwei Frauen standen, deren eine man »*Unwissenheit*«, die andere »*Argwohn*« nannte. Dann kam die »*Verläumdung*«; dies war ein Weib, prächtig von Ansehen, doch zeigte ihr Antlitz allzuviel Verschlagenheit; ihre Rechte hielt eine brennende Fackel; mit der Linken schleppte sie an den Haaren einen Jüngling herbei, der seine Hände zum Himmel emporstreckte. Dann war ein bleicher Mann da, hässlich, schmutzbedeckt, von schaurigem Ansehen … Dieser führte die Verläumdung und man nannte ihn den »*Neid*«. Zwei andre Frauen versehen die »Verläumdung« mit Schmuck: »*List*« und »*Täuschung*« waren ihre Namen. Ihnen folgte die »*Reue*«, eine Frau im Trauergewande, die sich selbst zerfleischt. Endlich kam ein Mädchen, zag und schüchtern, – die »Wahrheit« …« Nur diese eine Gestalt hat Botticelli – gewiss zum Vorteil des Bildes – geändert. Eine hüllenlose Frau hebt ihre Rechte wie anklagend und beschwörend zu den ewigen Göttern auf. Zum Schauplatz der antiken Scene bestimmte Sandro eine sonnendurchflutete Renaissance-Halle, wo in goldenen Nischen ungemein plastisch empfundene Statuen stehen, deren manche geradezu Motive Castagnos und Donatellos kopieren. Vasari preist dies Gemälde in wenigen aber begeisterten Worten; ob jedoch Leon Battista Alberti seinem Jünger Beifall genickt hätte? »Alle Bewegungen« – konnte man im Malerbuch lesen – »sollen, immer aufs neue weise ich darauf hin, massvoll und lieblich sein« … »Denn heftige Gebärden rauben nicht nur der Malerei jegliche Anmut (grazia e dolcezza), sondern lassen auch den Geist des Künstlers allzu wild und feurig erscheinen.« Und in Sandros Bild ist jede einzelne Figur durchschauert von inneren Stürmen, die sich nach aussen in heftige und leidenschaftliche Gesten umsetzen. Botticelli wusste um diese Vorschrift Albertis und hat sie viele Jahre treulich erfüllt. Aber die Zeiten, da Wünsche von Ästhetikern ihm Gesetze bedeuteten, lagen hinter Sandro. Gerade in jenen Tagen, wo er die Verläumdung malte, vollzog sich die entscheidende Wandlung seiner Seele: der mediceische Sandro, der nur vollendete Kunstwerke schaffen, mit feinen Fingern die Schätze toter Kultur heben wollte, – er starb; und an seiner Statt erblicken wir einen sündbewussten Menschen, der nicht mehr »schöne«, sondern inbrunstvolle Bilder malt, den Pinsel in sein eigenes Herzblut zu tauchen scheint. Der Mann, dem Botticelli diese Erleuchtung seiner Seele, die Neubekehrung zum Christentum dankte, hiess *Girolamo Savonarola.*

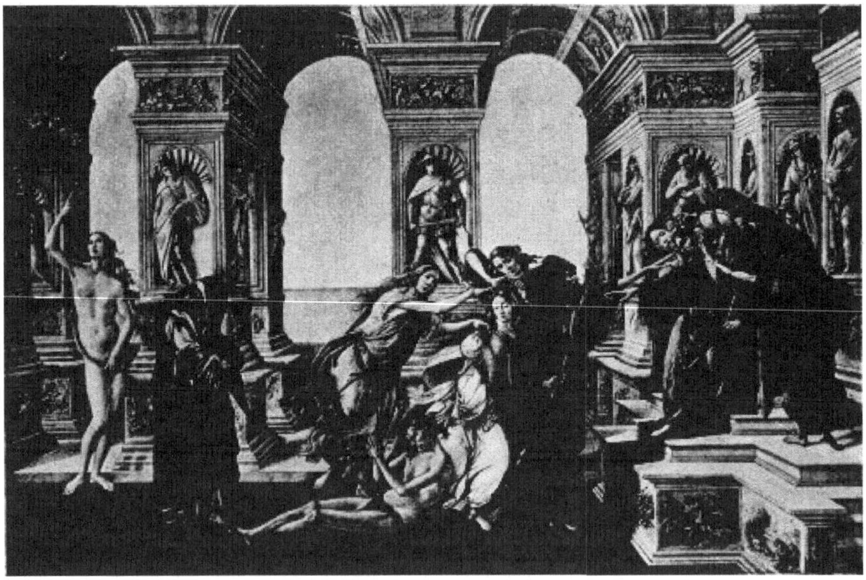

Florenz, Uffizien.

DIE VERLÄUMDUNG DES APELLES

Kapitel 4

Das Florentiner Volk war – auch in den Tagen der Renaissance – immer fromm gewesen, oder, mit Vespasiano da Bisticci zu reden, »dem Weg der Wahrheit zugethan«; lange vor Savonarola errichtete Fra Bernardino da Massa auf Piazza Santa Croce einen Scheiterhaufen, woselbst »die falschen Haare der Frauen, Spielwerk und eitle Dinge«, verbrannt wurden. Die Medici gehörten religiösen Bruderschaften an und sogar dem frivolen Polizian dienten das Leiden und die Demut Christi gelegentlich zu lateinischen Stilübungen. In Wahrheit hatten jene Freunde Lorenzos de' Medici, die im Palazzo der via larga und in den Hainen von Careggi sich zusammenfanden, nur ein sehr äusserliches Verhältnis zu Gott und seinen Dienern. Der Prediger bedeutete ihnen, was dem antiken Menschen der Rhetor war, dem modernen ein Schauspieler ist. Was er sagte, kam nicht in Betracht; das wie allein entschied. Ob der Mann auf der Kanzel an seine Worte glaubte, danach frug niemand. Angelo Poliziano spricht einmal ungemein charakteristisch vom Eindruck, den ein Sermon Fra Marianos da Genazzano ihm bereitete. »Ich bin ganz Ohr (tutto orecchi) für den Wohlklang der Stimme, die gewählten Worte, die grossen Sentenzen. Ich unterscheide die Absätze, den Bau der Perioden, bin im Bann harmonischer Kadenzen« ... Savonarola verschmähte die Mittelchen solcher Kanzelvirtuosen: »Eleganz und aller Wortschmuck« – meinte er einmal – »müssen zurücktreten, wenn man die Lehre des Heils einfach kündet« ... Auch Botticelli mag der ersten Predigt Savanarolas beigewohnt haben, um klingende Perioden oder elegante Gesten zu bewundern und fand einen Mönch, – der *glaubte*. Die Männer um Lorenzo de' Medici »konnten« alles, waren glänzende Artisten der Sprache, geschmackvolle Histrionen von Gefühlen und Empfindungen; ihre Seele aber hatte keinen Teil an dem Thun ihres Geistes. Aus Savonarolas Worten flammte heilige Überzeugung und darum schufen sie Überzeugte; weil er selber glaubte, machte er Gläubige. Dass aber gerade Sandro, der Künstler, so glühend jenem Priester anhing, der alle Kunst nur als Dienerin des Glaubens gelten liess? In jedem Künstler lebt die Heldensehnsucht, am willigsten bewundert er die grosse Persönlichkeit, selbst eine antikünstlerische. So mochte das festumrissene Charakterbild des Priors von San Marco dem Künstler Botticelli Verehrung abzwingen; die Massen-Suggestion, der leicht erregbare Menschen sich selten entziehen, übte ihren Einfluss; und – die Hauptsache – es war plötzlich einsam geworden um Sandro Botticelli. Er hatte Lorenzo de' Medici begraben sehen, und zwei Jahre später – anno 1494 – war Polizian seinem Mäcen gefolgt; bald darauf stürmte der heulende Pöbel den Palazzo Medici und sein Besitzer Piero, Lorenzos Sohn, musste schimpfbeladen aus der Stadt flüchten; aufrecht aber und gewaltig stand der Dominikaner auf der Kanzel, und wenn er dem zitternden Volke das Crucifix entgegenstreckte, knieten Tausende nieder und schluchzten: Miserere Domine … Auch Botticelli hatte viel zu büssen. »Was soll ich über euch, ihr Maler, sagen, die ihr halbnackte Figuren hinstellt«, zürnte Fra Girolamo und Botticelli wusste: »viele Bilder nackter Frauen«, die jetzt »die Häuser der Bürger« verunzierten, waren aus seinem Atelier hervorgegangen. »Kein Kaufmann veranstaltet eine Hochzeit,« – donnerte wiederum Savonarola – »dessen Tochter ihre Ausstattung nicht in eine Truhe legt, die mit heidnischen Fabeln bemalt ist; so dass eine christliche Braut früher den Betrug des Mars und die Listen Vulcans, als die Thaten der heiligen Frauen beider Testamente kennt« … Sandro hatte die buhlerische Liebe von Mars und Venus gefeiert und – als erster – heidnischen Göttern lebensgrosse Bilder geweiht; aber »sollen wir Ovid hier predigen oder christlichen Glauben«? Da verwies Botticelli den frohen Fabelwesen sein Haus, schmückte »die Truhen für die Neuvermählten« mit den Wunderthaten des heiligen Zenobius und dem keuschen Opfertod Virginias oder Lucretias, ging hin und predigte christlichen Glauben, nicht mehr nach Albertis Vorschriften, sondern wie sein glühendes Herz es ihm eingab. Schien er bis nun ein Lyriker, ein Troubadour göttlicher Minne, so wurde er jetzt zum Pathetiker und kleidete sich in die härene Kutte des Busspredigers. Man vergleiche in den Uffizien die beiden Darstellungen der Epiphanie mit einander: die eine, jene Verherrlichung der Medici, malte ein Künstler um der Kunst willen; die andre, leider stark ruinierte, ist das Werk eines Fanatikers, der die sündige Welt zum Glauben bekehren möchte. Wie gepeitscht von unsichtbaren Geisseln, ekstatisch aufgeregt, stürmen von allen Seiten die Völker zu dem Sohne Marias, werfen sich aufs Knie, beugen, brennenden und seligen Auges, sich zum Christkinde vor, deuten mit freudebebendem Arm auf die heilige Gruppe, winken andere herbei in die braune Felsenöde, wo der Menschheit ihr Erlöser geschenkt worden. Hie Fra Mariano – hie Savonarola! Das religiöse Fieber, das mit Botticelli ganz Florenz erfasst hatte, verflog; die politischen Gegner des Priors gewannen die Oberhand, und Botticelli musste erleben, wie am 23. Mai des Jahres 1498 Savonarola, der »zweite Heiland«, seine Lehre mit seinem Tode besiegeln musste. Sandro hat es nie verwunden. In der Chronik seines Bruders Simone Filipepi kann man unterm Allerseelentag des Jahres 1499 lesen: »… Als wir gegen drei Uhr nachts in meinem Hause ums Feuer sassen, erzählte mein Bruder Sandro di Mariano Filipepi, einer der guten Maler, die damals in unsrer Stadt lebten, wie er in seiner Werkstatt mit Doffo Spini über Fra Girolamos Schicksal gesprochen. Und weil Sandro wusste, dass Doffo einer der Eifrigsten bei seinem Verhör gewesen, so bat er um reine Wahrheit, ob Fra Girolamo einer Sünde schuldig befunden worden, die so schmachvollen Tod verdient hatte. Und Doffo antwortete ihm: »Sandro, soll ich dir die Wahrheit sagen? Wir fanden ihn nicht nur keiner Todsünde, sondern nicht einmal einer lässlichen schuldig.« Worauf Sandro sprach: »Warum liesset ihr ihn dann so elendigen Todes sterben?«« …

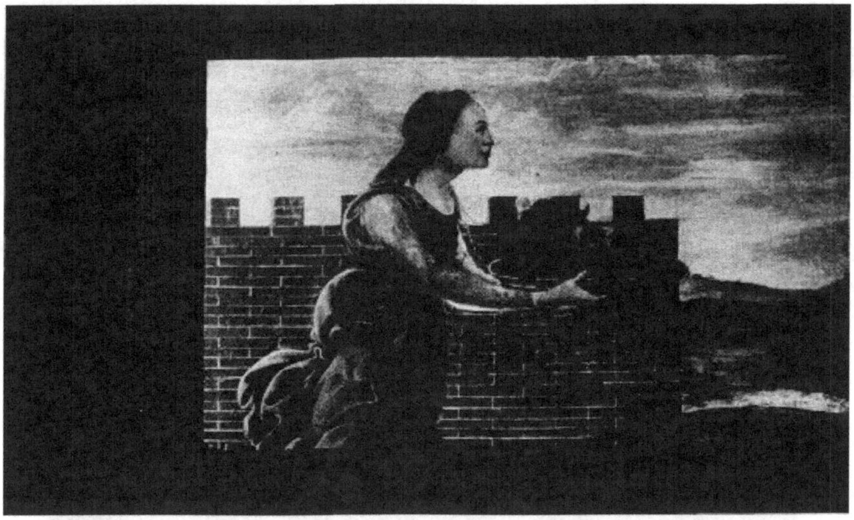

Florenz, Accademia.

SALOME

Wie treu der Jünger Sandro seinem hingeopferten Meister anhing, bekundet auch das einzige signierte und datierte Gemälde Botticellis, jene kleine, unsagbar feierliche Darstellung von Christi Geburt in der National-Gallery, vielleicht das letzte eigenhändige Bild, das Sandro geschaffen. Heftig bewegt und doch von schmerzlichem Frieden, christlichen Geistes und dunkler Symbolik voll, deucht dies Gemälde wie ein Werk aus seiner mediceischen Epoche, übertragen in die Formensprache der Savonarola-Zeit: die Niedrigsten und die Höchsten, Könige und Hirten werden, den Ölzweig des Friedens im Haar, von Engeln zur heiligen Hütte geleitet, auf deren Strohdach andere Engel das »Gloria in excelsis« jubeln. Ihnen zu Häupten schlingen, von goldenem Glanz umleuchtet, wieder andere Engel den Reigen; aber das ist nicht mehr jenes selige Schweben, wie es vordem Sandro in der Marienkrönung mit so einziger Kunst gemalt; eine religiöse Orgie, ein Bacchanal des Glaubens könnte man diesen jäh dahin wirbelnden Tanz nennen. Drei goldene Kronen schimmern im strahlenden Lichtmeer, bestimmt, die Häupter dreier Pilger zu schmücken, die gerade von drei Engeln zärtlich umarmt und geküsst werden, indes ein paar Teufel, Maulwürfen gleich, sich in den Boden verkriechen; – diese drei Pilger sind Savonarola und die beiden Genossen seines Martyriums. Eine griechische Inschrift, deren geheimnisvoller Ton bewusst an die Offenbarung Johannis anklingt, zeugt erschütternd von Sandros Verzweifeln und Hoffen: »Dieses

Bild malte ich, Alessandro, am Ende des Jahres 1500, während der Wirren Italiens, in der halben Zeit nach der Zeit, gemäss des elften Kapitels S. Johannis, im zweiten Wehe der Apokalypse, in der dreiundeinhalbjährigen Loslassung des Teufels; dann aber wird dieser gefesselt werden, gemäss des zwölften und wir werden ihn erblicken, zu Boden getreten, wie auf diesem Bilde.«

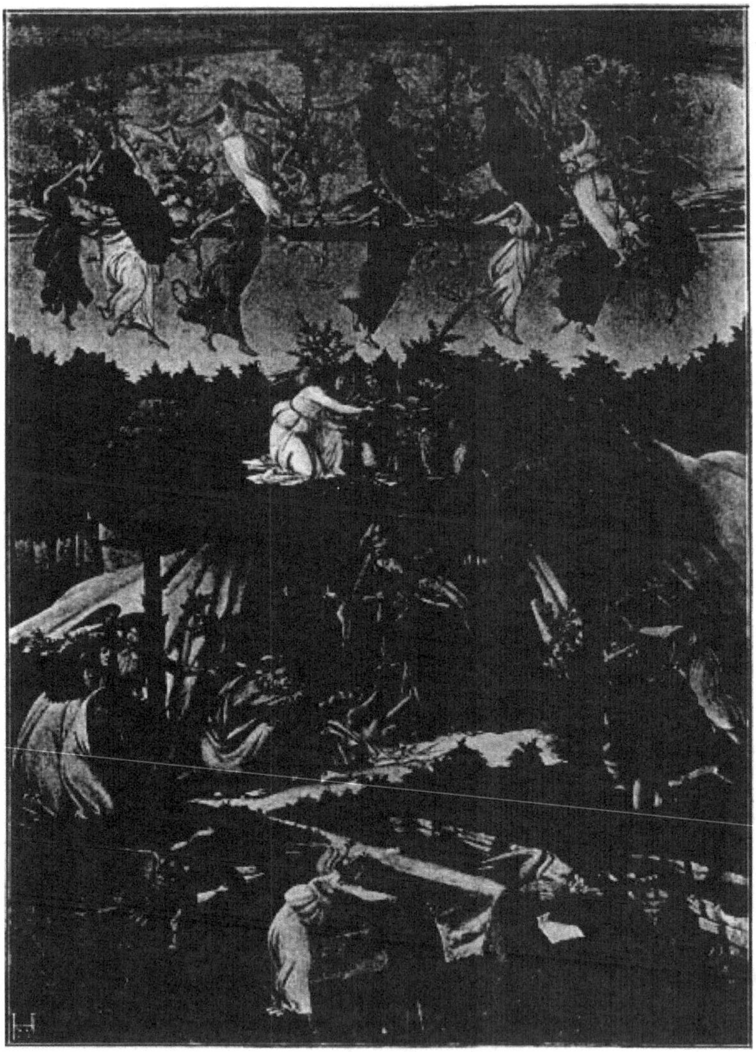

Aufnahme Hanfstaengl.

London, National Gallery.

GEBURT CHRISTI

Weit hinter Sandro lagen nunmehr jene Tage, da er am »Betrug des Mars und den Listen Vulcans« sich erfreute. Der Born antiker Herrlichkeit rauschte ihm nicht mehr; dafür erschloss sich eine christliche Schönheitsquelle dem Gläubigen, – Dantes göttliche Komödie. Sechsundneunzig jener Federzeichnungen, mit denen er für Lorenzo di Pierfrancesco de' Medici ein Exemplar der Divina commedia schmückte, sind uns erhalten; acht davon bewahrt die Vaticana; die übrigen bilden einen stolzen Besitz des Berliner Kupferstich-Kabinets. Vielleicht begann Sandro dies Riesenwerk vor seiner Romfahrt; aber es zog sich viele Jahre hin, wahrscheinlich noch über den Tod des Medici heraus, und das Beste daran gehört den Zeiten, da Botticelli dem Glauben neu gewonnen war. Sandro widmete – mit einer einzigen Ausnahme – jedem Gesang ein Blatt. Aber die Fülle des Darzustellenden erdrückte ihn; das Nacheinander der Schilderung löst sich nicht immer gut zum Nebeneinander auf und so kranken besonders die frühen Zeichnungen zum Inferno an einer unklaren und verworrenen Anordnung. Doch darf man, in Umkehrung eines Goetheschen Wortes, sagen: Wo starker Schatten, ist auch viel Licht. Seine Zeichnungen enthalten, gleichsam im Extrakt, alle Vorzüge seiner Gemälde: die plastische Formgebung, den beseelten Contur, und die Gesten werden hier, noch unmittelbarer als im Bilde, zum Ausdruck eines überquellend reichen Innenlebens. Die finsteren Giganten der Hölle wirken ebenso überzeugend wie die Holdseligkeit der Engelsreigen; wenn Sandro mit ein paar Strichen die Unendlichkeit des Äthers oder eine unermessliche Weite ahnen lässt, so scheint der Florentiner zum Japaner geworden und wie endlich, in den Zeichnungen zum Paradies, Dantes Augen Angst, Verwirrung, das Gefühl der eignen Unwürdigkeit, Hoffnung und heiligste Ergriffenheit wiederspiegeln, – solcher Kunst ist nur wenig, vielleicht gar nichts vergleichbar.

Botticelli konnte den Abend seines Lebens gänzlich den Dante-Studien widmen; denn in seinem Atelier drängten sich die Besteller nicht mehr. Die Florentiner brachten dem Maler, den ein Papst berufen hatte, noch immer Respekt entgegen, baten ihn zuweilen um ein Gutachten in Kunstdingen, – aber Sandros Art schien überholt. Seine Kunst wurzelte nicht im nährendem Erdreich des Florentiner Volkstums; sie glich einer aristokratischen Zierpflanze Careggis, jenes Mediceer-Haines wo die Künstler gelehrt und die Gelehrten Künstler waren. Sandros Schöpfungen bedeuteten die bildgewordene Sehnsucht jener Estheten, die hier, unter Cypressen, zu Füssen eines marmornen Hellenengottes, den ewigen Traum einer versunkenen Schönheitswelt träumten. Als Lorenzo de' Medici starb und seine humanistischen Freunde dem Florenz Savonarolas den Rücken kehrten, verlor Sandro alle Verehrer seiner Kunst. Auch der Geschmack hatte sich gewandelt: einem Geschlecht, das die pompösen, aber seelenarmen Gemälde Fra Bartolommeos bewunderte, konnten Botticellis Werke nichts mehr sagen. Die jungen Künstler schworen auf Michelangelo; und die Banausen, – es wird an solchen auch in der Renaissance nicht gemangelt haben, – was konnte ihnen die scheue Poesie des »Frühlings« oder des »Magnificats« sein? So schleppte Sandro arm und einsam seine letzten Jahre, und als er am 17. Mai des Jahres 1510 in der Kirche Ognissanti begraben wurde, mochten manche staunend erfahren, dass er überhaupt noch gelebt hatte. Man vergass ihn rasch. In der Florentiner Kunst der Hochrenaissance und des Barocks verspüren wir seines Geistes nicht den leisesten Hauch und selbst die feinsten Amateure des Rokoko gingen achtlos an Sandros Werken vorüber. Erst das neunzehnte Jahrhundert entdeckte die Kunst Botticellis und fand in der sehnsüchtigen Schönheit seiner Bilder den Wiederschein der eigenen Träume.

Das Haidedorf

Adalbert Stifter

Alpha Editions

This edition published in 2022

ISBN : 9789356903463

Design and Setting By
Alpha Editions
www.alphaedis.com
Email - info@alphaedis.com

Contents

PREFACE.

If any prose-writer may be called a poet, none is more worthy of that name than Adalbert Stifter. And, unless it be a requirement that, to be ranked as classic, a writer must be dead for many years, Stifter is entitled to an honorable place among the classic writers of Germany. Not all he has written bears the stamp of beauty and genius, but at his best he is truly great, and of his best we have a great deal.

Adalbert Stifter was born in Oberplan, Bohemia, October 23d, 1806. His father was a poor linen-weaver who was killed by an accident when the boy was only ten years old. An uncle assumed charge of his education and sent him to the monastic Latin School at Kremsmünster. His education was completed in Vienna, whither he went in 1826, principally to study history and philosophy, but also to cultivate his love of nature by the pursuit of natural science and landscape-painting. His love for nature remained throughout his life the most characteristic trait of the man. In all his works, but especially in his "Studien," he showed himself to be a painter of words who has only one equal in German Literature--Paul Heyse. His love of detail confined him to one form of literary production, the short novel. And even within these narrow limits Stifter's works show little action. But for this we are amply compensated by the simple beauty of his diction, its calm moderated tone, with never a word superfluous or lacking, the manly nobility of his sentiment, and the almost womanly delicacy of his perception. No one can read "Das Haidedorf" without feeling the poet's love for man and nature.

The two volumes of which "Das Haidedorf" forms a small part are entitled "Studien." In an English translation of extracts from Stifter this is rendered by "Sketches." Far from being sketches, they are exquisite studies carefully finished by a master hand. It may be said without exaggeration that the following beautiful prose-idyl will suggest to a sensitive and appreciative mind a succession of pictures destined to remain as permanent possessions of art. And, when it is added that the style is simple and modern, no further apology need be made for this publication, save this, that the "Studien" have not, as far as I have been able to gather, been reprinted singly.

Stifter's life, like his writings, was idyllic. He was appointed in 1846 to one of the higher educational posts by the Austrian government, and took up his residence in Linz. This post he had to resign in 1856, owing to impaired health. His remaining years were spent in happy retirement, given to literary work, landscape-painting and his favorite pastime of horticulture. Adalbert Stifter died at Linz, Austria ob der Enns, January 28th, 1868.

OTTO HELLER.

Philadelphia, February, 1891.

N.B. The orthography of this edition is that used in the original edition of the "Studien."

I.

DIE HAIDE.

Im eigentlichen Sinne des Wortes ist es nicht eine Haide, wohin ich den lieben Leser und Zuhörer führen will, sondern weit von unserer Stadt ein traurig liebliches Fleckchen [1] Landes, das sie die Haide nennen, weil seit unvordenklichen Zeiten [2] nur kurzes Gras darauf wuchs, hie und da ein Stamm Haideföhre, [3] oder die Krüppelbirke, an deren Rinde zuweilen ein Wollflöckchen hing, von den wenigen Schafen und Ziegen, die zeitweise [4] hier herumgingen. Ferner war noch in ziemlicher Verbreitung die Wachholderstaude [5] da, im Weitern [6] aber kein andrer Schmuck mehr; man müßte nur [7] die fernen Berge hierher rechnen, die ein wunderschönes blaues Band um das mattfarbige Gelände [8] zogen.

Wie es aber des Oeftern [9] geht, daß tiefsinnige Menschen, oder solche, denen die Natur allerlei wunderliche Dichtung und seltsame Gefühle in das Herz gepflanzt hatte, gerade solche Orte aussuchen und liebgewinnen, weil sie da ihren Träumen und innerem Klingklang nachgehen können: so geschah es auch auf diesem Haideflecke. Mit den Ziegen und Schafen nämlich kam auch sehr oft ein schwarzäugiger Bube von zehn oder zwölf Jahren, eigentlich [10] um dieselben zu hüten; aber wenn sich die Thiere zerstreuten--die Schafe um das kurze würzige Gras zu genießen, die Ziegen hingegen, für die im Grunde [11] kein passendes Futter da war, mehr ihren Betrachtungen und der reinen Luft überlassen, nur so gelegentlich den einen oder andern weichen Sprossen pflückend--fing er inzwischen an, Bekanntschaft mit den allerlei Wesen zu machen, welche die Haide hegte [12], und schloß mit ihnen Bündniß und Freundschaft.

Es war da ein etwas erhabener Punkt, an dem sich das graue Gestein, auch ein Mitbesitzer [13] der Haide, reichlicher vorfand, und sich gleichsam emporschob, ja sogar am Gipfel mit einer überhängenden Platte ein Obdach und eine Rednerbühne bildete. Auch der Wachholder drängte sich dichter an diesem Orte, sich breit machend in vielzweigiger Abstammung [14] und Sippschaft [15] nebst manch schönblumiger Distel. Bäume aber waren gerade hier weit und breit keine, weßhalb eben die Aussicht weit schöner war, als an andern Punkten, vorzüglich gegen Süden, wo das ferne Moorland, so ungesund für seine Bewohner, so schön für das entfernte Äuge, blauduftig [16] hinausschwamm in allen Abstufungen der Ferne. Man hieß den Ort den Roßberg [17]; aus welchen Gründen, ist unbekannt, da hier nie seit Menschenbesinnen ein Pferd ging, was überhaupt [18] ein für die Haide zu kostbares Gut gewesen wäre.

Nach diesem Punkte nun [19] wanderte unser kleiner Freund am allerliebsten, wenn auch seine Pflegebefohlenen [20] weit ab in ihren Berufsgeschäften gingen, da er aus Erfahrung wußte, daß keines die Gesellschaft verließ, und er sie am Ende alle wieder vereint fand, wie weit er auch nach ihnen suchen mußte; ja, das Suchen war ihm selber abenteuerlich, vorzüglich, wenn er weit und breit wandern mußte. Auf dem Hügel des Roßberges gründete er sein Reich. Unter dem überhängenden Blocke bildete er nach und nach durch manche Zuthat, [21] und durch mühevolles, mit spitzen Steinen bewerkstelligtes [22] Weghämmern einen Sitz, anfangs für Einen, dann füglich für Drei geräumig [23] genug; auch ein und das andere Fach [24] wurde vorgefunden oder hergerichtet, oder andere bequeme Stellen und Winkel, wohin er seinen leinenen Haidesack legte, und sein Brot, und die unzähligen Haideschätze, die er oft hieher zusammen trug. Gesellschaft war im Uebermaße da. Vorerst [25] die vielen großen Blöcke, die seine Burg bildeten, ihm alle bekannt und benannt, jeder anders an Farbe und Gesichtsbildung, der unzähligen kleinen gar nicht zu gedenken, die oft noch bunter und farbenfeuriger waren. Die großen theilte er ein, je nachdem sie ihn durch Abenteuerlichkeit entzückten, oder durch Gemeinheit ärgerten: die kleinen liebte er alle. Dann war der Wachholder, ein widerspenstiger [26] Geselle, unüberwindlich zähe in seinen Gliedern, wenn er einen köstlichen, wohlriechenden Hirtenstab sollte fahren lassen, [27] oder Platz machen für einen anzulegenden [28] Weg;--seine Aeste starrten [29] rings von Nadeln, strotzten [30] aber auch in allen Zweigen von Gaben der Ehre, die sie Jahr aus Jahr ein den reichlichen Haidegästen auftischten, [31] die millionenmal Millionen blauer und grüner Beeren. Dann waren die wundersamen Haideblümchen, glutfärbig oder himmelblau brennend, zwischen dem sonnigen Gras des Gesteines, oder jene unzählbaren kleinen, zwischen dem Wachholder sprossend, die ein weißes Schnäbelchen aussperren, mit einem gelben Zünglein darinnen--auch manche Erdbeere war hie und da, selbst zwei Himbeersträuche, und sogar, zwischen den Steinen emporwachsend, eine lange Haselruthe. Böse Gesellschaft fehlte wohl [32] auch nicht, die er vom Vater gar wohl kannte, wenn sie auch schön war, z. B. hie und da, aber sparsam, die Einbeeren, [33] die er nur schonte, weil sie so glänzend schwarz waren, so schwarz, wie gar nichts auf der ganzen Haide, seine Augen ausgenommen, die er freilich [34] nicht sehen konnte.

Fast sollte man von der lebenden und bewegenden Gesellschaft nun gar nicht mehr reden, so viel ist schon da; aber diese Gesellschaft ist erst vollends ausgezeichnet. Ich will von den tausend und tausend goldenen, rubinenen, smaragdenen Thierchen und Würmchen gar nichts sagen, die auf Stein, Gras und Halm kletterten, rannten und arbeiteten, weil er von Gold, Rubinen und Smaragden noch nichts sah, außer was der Himmel und die Haide zuweilen zeigte;--aber von Anderem muß gesprochen werden. Da war einer seiner Günstlinge, ein schnarrender [35] purpurflügliger Springer, [36] der dutzendweise vor ihm aufflog, und sich wieder hinsetzte, wenn er eben seine Gebiete durchreiste--da waren dessen unzählbare Vettern, die größern und kleinern Heuschrecken, in mißfarbiges Grün gekleidete Heiduken, [37] lustig und rastlos zirpend [38] und schleifend, [39] daß an Sonnentagen ein zitterndes Gesinge [40] längs der ganzen Haide war,--dann waren die Schnecken mit und ohne Häuser, braune und gestreifte, gewölbte und platte, und sie zogen silberne Straßen über das Haidegras, oder über seinen Filzhut, auf den er sie gerne setzte--dann die Fliegen, summende, singende, piepende, blaue, grüne, glasflüglige--dann die Hummel, die schläfrig vorbeiläutete [41]--die Schmetterlinge, besonders ein kleiner mit himmelblauen Flügeln, auf der Kehrseite [42] silbergrau mit gar anmuthigen Aeuglein, dann noch ein kleinerer mit Flügeln, wie eitel [43] Abendröthe--dann endlich war die Ammer, und sang an vielen Stellen; die Goldammer, das Rotkehlchen, die Haidelerche, daß von ihr oft der ganze Himmel voll Kirchenmusik hing; der Distelfink, die Grasmücke, der Kibitz, und andere und wieder andere. Alle ihre Nester lagen in seiner Monarchie, und wurden ausgesucht und beschützt. Auch manch rothes Feldmäuschen sah er schlüpfen [44] und schonte sein, wenn es plötzlich stille hielt, und ihn mit den glänzenden erschrockenen Aeuglein ansah. Von Wölfen oder andern gefährlichen Bösewichtern war seit Urzeiten [45] aller seiner Vorfahren keiner erlebt worden, [46] manches eiersaufende [47] Wiesel ausgenommen, das er aber mit Feuer und Schwert verfolgte.

Inmitten all dieser Herrlichkeiten stand er, oder ging, oder sprang, oder saß er--ein herrlicher Sohn der Haide: aus dem tiefbraunen Gesichtchen voll Güte und Klugheit leuchteten in blitzendem, unbewußtem Glanze die pechschwarzen Augen, voll Liebe und Kühnheit, und reichlich zeigend jenes gefahrvolle Element, was ihm geworden [48] und in der Haideeinsamkeit zu sprossen begann, eine dunkle glutensprühige Fantasie. Um die Stirne war eine Wildniß dunkelbrauner Haare, kunstlos den Winden der Fläche hingegeben. Wenn es mir erlaubt wäre, so würde ich meinen Liebling vergleich en mit jenem Hirtenknaben aus den heiligen Büchern, der auch auf der Haide vor Bethlehem sein Herz fand, und seinen Gott, und die Träume der künftigen Königsgröße. Aber so ganz arm, wie unser kleiner Freund, war jener Hirtenknabe gewiß nicht; denn des ganzen lieben Tages Länge hatte er nichts, als ein tüchtig Stück schwarzen Brotes, wovon er unbegreiflicher Weise [49] seinen blühenden Körper und den noch blühendern Geist nährte, und ein klares kühles Wasser, das unweit des Roßberges vorquoll, [50] ein Brünnlein füllte, und dann flink längs der Haide forteilte, um mit andern Schwestern vereint jenem fernen Moore zuzugehen, dessen wir oben gedachten. Zu g u t e n Zeiten waren auch ein oder zwei Ziegenkäse in der Tasche. Aber ein Nahrungsmittel hatte er in einer Güte und Fülle, wie es der überreichste Städter nicht aufweisen kann, einen ganzen Ozean der heilsamsten Luft u m sich, und eine Farbe und Gesundheit reifende Lichthülle ü b e r sich. Abends, wenn er heim kam, wohin er sehr weit hatte, kochte ihm die Mutter eine Milchsuppe, oder einen köstlichen Brei aus Hirse. [51] Sein Kleid war ein halbgebleichtes Linnen. Weiter hatte er noch einen breiten Filzhut, den er aber selten aufthat, sondern meistens in seinem Schlosse an einen Holznagel hing, der er in die Felsenritze geschlagen hatte.

Dennoch war er stets lustig, und wußte sich oft nicht zu halten vor Frohsinn. Von seinem Königssitze aus herrschte er über die Haide. Theils durchzog er sie weit und breit, theils saß er hoch oben auf der Platte oder Rednerbühne, und so weit das Auge gehen konnte, so weit ging die Fantasie mit, oder sie ging noch weiter, und überspann die ganze Fernsicht mit einem Fadennetze von Gedanken und Einbildungen, und je länger er saß, desto dichter kamen sie, so daß er oft am Ende selbst ohnmächtig unter dem Netze steckte. Furcht der Einsamkeit kannte er nicht; ja, wenn recht weit und breit kein menschliches Wesen zu erspähen war, und nichts, als die heiße Mittagsluft längs der ganzen Haide zitterte, dann kam erst recht das ganze Gewimmel seiner innern Gestalten daher; [52] und bevölkerte die Haide. Nicht selten stieg er dann auf die Steinplatte, und hielt sofort eine Predigt und Rede--unten standen die Könige und Richter, und das Volk und die Heerführer, und Kinder und Kindeskinder, zahlreich, wie der Sand am Meere; er predigte Buße und Bekehrung--und Alle lauschten auf ihn; er beschrieb ihnen das gelobte Land, verhieß, daß sie Heldenthaten thun würden, und wünschte zuletzt nichts sehnlicher, als daß er auch noch ein Wunder zu wirken vermöchte. Dann stieg er hernieder und führte sie an, in die fernsten und entlegensten Theile der Haide, wohin er wohl eine Viertelstunde zu gehen hatte--zeigte ihnen nun das ganze Land der Väter, und nahm es ein mit der Schärfe des Schwertes. Dann wurde es unter die Stämme ausgetheilt, und jedem das Seinige zur Vertheidigung angewiesen.

Oder er baute Babilon, eine furchtbare und weitläufige Stadt--er baute sie aus den kleinen Steinen des Roßberges, und verkündete den Heuschrecken und Käfern, daß hier ein gewaltiges Reich entstehe, das Niemand überwinden kann, als Cyrus, der morgen oder übermorgen kommen werde, den gottlosen König Balsazar zu züchtigen, wie es ja Daniel längst vorher gesagt hat.

Oder er grub den Jordan ab, d. i. den Bach, der von der Quelle floß, und leitete ihn anderer Wege--oder er that das alles nicht, sondern entschlief auf der offenen Fläche, und ließ über sich einen bunten Teppich der Träume weben. Die Sonne sah ihn an, und lockte auf die schlummernden Wangen eine Röthe, so schön und so gesund, wie an gezeitigten Aepfeln, oder so reif, und kräftig, wie an der Lichtseite vollkörniger Haselnüsse, und wenn sie endlich gar die hellen großen Tropfen auf seine Stirne gezogen hatte, dann erbarmte ihr der Knabe [53] und sie weckte ihn mit einem heißen Kusse.

So lebte er nun manchen Tag und manches Jahr auf der Haide, und wurde größer und stärker, und in das Herz kamen tiefere, dunklere und stillere Gewalten, und es ward ihm wehe und sehnsüchtig--und er wußte nicht, wie ihm geschah. Seine Erziehung hatte er vollendet, und was die Haide geben konnte, das hatte sie gegeben; der reife Geist schmachtete nun nach seinem Brote, dem W i s s e n, und das Herz nach seinem Weine, der L i e b e. Sein Auge ging über die fernen Duftstreifen des Moores, und noch weiter hinaus; als müsse dort draußen etwas sein was ihm fehle, und als müsse er eines Tages seine Lenden gürten, den Stab nehmen, und weit, weit von seiner Heerde gehen.

Die Wiese, die Blumen, das Feld und seine Aehren, der Wald und seine unschuldigen Thierchen sind die ersten und natürlichsten Gespielen und Erzieher des Kinderherzens. Ueberlaß den kleinen Engel nur seinem eigenen innern Gotte, und halte bloß die Dämonen ferne, und er wird sich wunderbar erziehen und vorbereiten. Dann, wenn das fruchtbare Herz hungert nach Wissen und Gefühlen, dann schließ ihm die Größe der Welt, des Menschen und Gottes auf.

Und somit laßt uns Abschied nehmen von dem Knaben auf der Haide.

II.

Das Haidehaus.

Eine gute Wegestunde von dem Roßberge stand ein Haus, oder vielmehr eine weitläufige Hütte. Sie stand am Rande der Haide weit ab jeder Straße menschlichen Verkehres; sie stand ganz allein, und das Land um sie war selber wieder eine Haide, nur anders, als die, auf der der Knabe die Ziegen hütete. Das Haus war ganz aus Holz, faßte zwei Stuben und ein Hinterstübchen, alles mit mächtigen braunschwarzen Tragebalken, daran manch Festkrüglein hing, mit schönen Trinksprüchen [54] bemalt. Die Fenster, licht und geräumig, sahen auf die Haide, und das Haus war umgeben von dem Stalle, Schuppen [55] und der Scheune. Es war auch ein Gärtlein vor demselben, worin Gemüse wuchs, ein Hollunderstrauch und ein alter Apfelbaum stand--weiter ab waren noch drei Kirschbäume, und unansehnliche Pflaumengesträuche. Ein Brunnen floß vor dem Hause, kühl, aber sparsam; er floß von dem hohen starken Holzschafte in eine Kufe nieder, die aus einem einzigen Haidestein gehauen war.

In diesem Hause war es sehr einsam geworden; es wohnten nur ein alter Vater und eine alte Mutter darinnen, und eine noch ältere Großmutter--und Alle waren sie traurig; denn er war fortgezogen, weit in die Fremde, der das Haus mit seiner jugendlichen Gestalt belebt hatte, und der die Freude Aller war. Freilich spielte noch ein kleines Schwesterlein an der Thürschwelle, aber sie war noch gar zu klein, und war noch zu thöricht; denn sie fragte ewig, wann der Bruder Felix wieder kommen werde. Weil der Vater Feld und Wiese besorgen mußte, so war ein anderer Ziegenknabe genommen worden; allein dieser legte auf der Haide Vogelschlingen, trieb immer sehr früh nach Hause, [56] und schlief gleich nach dem Abendessen ein. Alle Wesen auf der Haide trauerten um den schönen lockigen Knaben, der von ihnen fortgezogen.

Es war ein traurig schöner Tag gewesen, an dem er fortgegangen war. Sein Vater war ein verständig stiller Mann, der ihm nie ein Scheltwort gegeben hatte, und seine Mutter liebte ihn, wie ihren Augapfel;--und aus i h r e m Herzen, dem er oft und gerne lauschte, sog er jene Weichheit und Fantasiefülle, die sie hatte, aber zu nichts verwenden konnte, als zu lauter Liebe für ihren Sohn. Den Vater ehrte sie als den Oberherrn, der sich Tag und Nacht so plagen müsse, um den Unterhalt herbeizuschaffen, da die Haide karg war, und nur gegen große Mühe sparsame Früchte trug, und oft die nicht, wenn Gott ein heißes Jahr über dieselbe herabsandte. Darum lebten sie in einer friedsamen Ehe, und liebten sich pflichtgetreu von Herzen, und standen einander in Noth und Kummer bei. Der Knabe kannte daher nie den giftigen Mehlthau für Kinderherzen, Hader und Zank, außer, wenn ein stößiger Bock [57] Irrsal stiftete, [58] den er aber immer mit tüchtigen Püffen seiner Faust zu Paaren trieb, [59] was das böseste Thier von ihm, und nur von ihm allein gutwillig litt, weil es wohl wußte, daß er sein Beschützer und zuversichtlicher Kamerade sei. Der Vater liebte seinen Sohn wohl auch, und gewiß nicht minder als die Mutter, aber nach der Verschämtheit gemeiner Stände, zeigte er diese Liebe nie, am wenigsten dem Sohne--dennoch konnte man sie recht gut erkennen an der Unruhe, mit der er aus- und einging, und an den Blicken, die er häufig gegen den Roßberg that, wenn der Knabe einmal zufällig später von der Haide heim kam, als gewöhnlich--und der Bube wußte und kannte diese Liebe sehr wohl, wenn sie sich auch nicht äußerte.

Von solchen Eltern hatte er keinen Widerstand zu erfahren, als er den Entschluß aussprach, in die Welt zu gehen, weil er durch aus nicht mehr zu Hause zu bleiben vermöge. Ja, der Vater hatte schon seit langem wahrgenommen, wie der Knabe sich in Einbildungen und Dingen abquäle, die ihm selber von Kindheit an nie gekommen waren; er hielt sie deßhalb für Geburten der Haideeinsamkeit, und sann auf deren Abhilfe. Die Mutter hatte zwar nichts Seltsames an ihrem Sohne bemerkt, weil eigentlich ohnehin ihr Herz in dem seinen schlug; allein sie willigte doch in seine Abreise aus einem dunklen Instinkte, daß er da ausführe, was ihm Noth thue.

Noch e i n e Person mußte gefragt werden, nicht von den Eltern, sondern von ihm: die G r o ß m u t t e r. Er liebte sie zwar nicht so wie die Mutter, sondern ehrte und scheute sie vielmehr; aber sie war es auch gewesen, aus der er die Anfänge jener Fäden zog, aus welchen er vorerst seine Haidefreuden webte, dann sein Herz und sein ganzes zukünftiges Schicksal. Weit über die Grenze des menschlichen Lebens schon hinausgeschritten saß sie, wie ein Schemen hinten am Hause im Garten an der Sonne, ewig einsam und ewig allein in der Gesellschaft ihrer Todten, und zurückspinnend an ihrer innern ewig langen Geschichte. Aber so wie sie dasaß, war sie nicht das gewöhnliche Bild unheimlichen Hochalters, sondern wenn sie oft plötzlich ein oder das andere ihrer innern Geschöpfe anredete, als ein lebendes und vor ihr wandelndes; oder, wenn sie sanft lächelte, oder betete, oder mit sich selbst redete, wundersam spielend in Blödsinn und Dichtung, in Unverstand und Geistesfülle: so zeigte sie gleichsam, wie eine mächtige Ruine, rückwärts auf ein denkwürdiges Dasein. Ja, der Menschenkenner, wenn hier je einer hergekommen wäre, würde aus den wenigen Blitzen, die noch gelegentlich auffuhren, leicht erkannt haben, daß hier eine Dichtungsfülle ganz ungewöhnlicher Art vorübergelebt worden war, ungekannt von der Umgebung, ungekannt von der Besitzerin, vorübergelebt in dem schlechten Gefäße eines Haidebauerweibes. Ihre gemüthreiche Tochter, die Mutter des Knaben, war nur ein schwaches Abbild derselben. Das alte Weib hatte in ihrem ganzen Leben voll harter Arbeiten nur ein einziges Buch gelesen, die Bibel; aber in diesem Buche las und dichtete sie siebenzig Jahre. Jetzt that sie es zwar nicht mehr, verlangte auch nicht mehr, daß man ihr vorlese; aber ganze Prophetenstellen sagte sie oft laut her, und in ihrem Wesen war Art und Weise jenes Buches ausgeprägt, so daß selbst zuletzt ihre gewöhnliche Redeweise etwas Fremdes und gleichsam Morgenländisches zeigte. Dem Knaben erzählte sie die heiligen Geschichten. Da saß er nun oft an Sonntagnachmittagen gekauert [60] an dem Hollunderstrauch--und wenn die Wunder, und die Helden kamen, und die fürchterlichen Schlachten, und die Gottesgerichte--und wenn sich dann die Großmutter in die Begeisterung geredet, [61] und der alte Geist die Ohnmacht seines Körpers überwunden hatte--und wenn sie nun anfing, zurückgesunken in die Tage ihrer Jugend, mit dem welken Munde zärtlich und schwärmerisch zu reden, mit einem Wesen, das er nicht sah, und in Worten, die er nicht verstand, aber tief ergriffen instinktmäßig nachfühlte, und wenn sie um sich alle Helden der Erzählung versammelte, und ihre eigenen Verstorbenen einmischte, und nun alles durcheinander reden ließ: da grauete er sich innerlich entsetzlich ab, [62] und um so mehr, wenn er sie gar nicht mehr verstand--allein er schloß alle Thore seiner Seele weit auf, und ließ den fantastischen Zug [63] eingehen, und nahm des andern Tages das ganze Getümmel mit auf die Haide, wo er Alles wieder nachspielte.

Dieser Großmutter nun wollte er sein Vorhaben deuten, damit sie ihn nicht eines Tages zufällig vermisse, und sich innerlich kränke, als sei er gestorben.

Und so--an einem frühen Morgen stand er neben den Eltern reisefertig vor der Thür, sein dürftig Linnenkleid an, den breiten Hut auf dem Haupte, den Wacholderstab in der Hand, umgehängt den Haidesack, in welchem zwei Hemden waren und Käse und Brot. Eingenäht in die Brusttasche hatte er das wenige Geld, welches das Haus vermochte.

Die Großmutter, immer die erste wach, knieete bereits nach ihrer Sitte inmitten der Wiese an ihrem Holzschemel, den sie dahin getragen, und betete. Der Knabe warf einen Blick auf den Haiderand, welcher schwarz den lichten Himmel schnitt--dann trat er zu der Großmutter und sagte: "Liebe Mutter, ich gehe jetzt, lebet wohl und betet für mich!"

"Kind, du mußt der Schafe achten, der Thau ist zu früh, und zu kühl!"

"Nicht auf die Haide gehe ich, Großmutter, sondern weit fort in das Land, um zu lernen und tüchtig zu werden, wie ich es Euch ja gestern Alles gesagt habe."

"Ja, Du sagtest es," erwiederte sie, "Du sagtest es, mein Kind--ich habe Dich mit Schmerzen geboren, aber Dir auch Gaben gegeben, zu werden, wie einer der Propheten und Seher--ziehe mit Gott, aber komme wieder, Jacobus!"

Jacobus hatte ihr Sohn geheißen, der auch einmal fortgegangen, vor mehr als sechzig Jahren, aber nie wieder zurückgekehrt war.

"Mutter," sagte er noch einmal, "gebt mir Eure Hand."

Sie gab sie ihm; er schüttelte sie und sagte: "Lebt wohl, lebt wohl."

"Amen, Amen," sagte sie, als hörte sie zu beten auf.

Dann wandte sich der Knabe gegen die Eltern; das Herz war ihm so sehr emporgeschwollen--er sagte nichts, sondern mit eins hing er am Halse der Mutter, und sie, heiß weinend, küßte ihn auf beide Wangen, und schob ihm noch ein Geldstück zu, das sie einst als Pathengeschenk empfangen, und immer aufgehoben hatte, allein er nahm es nicht. Dem Vater reichte er bloß die Hand, weil er sich nicht getraute, ihn zu umarmen. Dieser machte ihm ein Kreuz auf die Stirne, auf den Mund und die Brust, und als hierbei seine rauhe Hand zitterte, und um den harten Mund ein heftiges Zucken ging, da hielt sich der Knabe nicht mehr. Mit einem Thränengusse warf er sich an die Brust des Vaters, und dessen linker Arm umkrampfte [64] ihn eine Sekunde, dann ließ er ihn los, und schob ihn wortlos gegen die Haide. Die Mutter aber rief ihn noch einmal, und sagte, er möge doch auch das kleine Schwesterchen gesegnen, [65] die man in ihrem Bettlein ganz vergessen habe. Drei Kreuze machte er über den schlafenden Engel, dann schritt er schnell hinaus, und ging trotzig vorwärts gegen die Haide.

So ziehe mit Gott, du unschuldiger Mensch, und bringe nur das Kleinod wieder, was du so leichtsinnig fortträgst!

Als er an den Roßberg gekommen, ging die Sonne auf, und schaute in zwei treuherzige, zuversichtliche, aber rothgeweinte Augen. Am Haidehause spiegelte sie sich in den Fenstern, und an der Sense des Vaters, der mähen ging.

III.

Das Haidedorf.

Des ersten Abends war es öde und verlassen, und den beiden Eltern that das Herz weh, als sie in der Dämmerung des Sommers zu Bette gingen, und auf seine leere Schlafstelle sahen. Um denselben Menschen, der vielleicht eben jetzt noch auf dürrer Heerstraße wanderte, und von Keinem beachtet, ja von den Meisten v e r a c h t e t wurde, brachen fast zwei naturrohe Herzen im entlegenen Haidehause, daß sie ihn von nun an, vielleicht auf immer entbehren sollten; aber sie drückten den Schmerz in sich, und jedes trug ihn einsam, weil es zu schamhaft und unbeholfen war, sich zu äußern.

Aber es kam ein zweiter Tag, und ein dritter, und ein vierter, ein jeder spannte denselben glänzenden Himmelsbogen über die Haide, und funkelte nieder auf die Fenster und das altergraue Dach des Hauses eben so freundlich und lieblich, wie als er noch dagewesen war.

Und dann kamen wieder Tage und wieder.

Die Arbeit und Freude des Landmanns, durch Jahrtausende einförmig, und durch Jahrtausende noch unerschöpft, zog auch hier geräuschlos und magisch ein Stück ihrer uralten Kette durch die Hütte, und an jedem ihrer Glieder hing ein Tröpflein Vergessenheit.

Die Großmutter trug nach wie vor ihren Holzschemel auf die Wiese, und betete daran, und sie und klein Marthe fragten täglich, wann denn Felix komme. Der Vater mähete Roggen und Gerste--die Mutter machte Käse und band Garben--und der fremde Ziegenbube trieb täglich auf die Haide. Von Felix wußte man nichts.

Die Sonne ging auf, und ging unter, die Haide wurde weiß, und wurde grün, der Hollunderbaum und der Apfelbaum blüheten vielmal--klein Marthe war groß geworden, und ging mit, um zu heuen [66] und zu ernten, aber sie fragte nicht mehr,--und die Großmutter, ewig und unbegreiflich hinaus lebend, wie ein vom Tode vergessener Mensch, fragte auch nicht mehr, weil er ihr entfallen war, oder sich zu ihren heimlichen Fantasiegestalten gesellt hatte.

Die Felder des Haidebauers besserten sich nachgerade, als ob der Himmel seine Einsamkeit segnen und ihm vergelten wollte, und es wurde ihm so gut, [67] daß er schon manchen Getreidesack, aufladen, und mit schönen Ochsen fortführen konnte, wofür er dann einige Thaler Geldes, und Neuigkeiten von der Welt draußen heimbrachte. Einmal kam auch ein Schreinergeselle mit seinem Wanderpacke [68] zu Vater Niklas, dem Haidebauer, und brachte einen Gruß und einen Brief von Felix, und sagte, daß derselbe in der großen, weit entfernten Hauptstadt ein schmucker, fleißiger Student sei, daß ihn Alles liebe, und daß er gar eines Tages Kaplan in der großen Domkirche werden könnte. Der Schreinergeselle wurde über Nacht im Haidehause gut gehalten, und ließ eitel Freude [69] zurück, als er des andern Tages in entgegengesetzter Richtung von dannen zog. [70] So kam es, daß jedes Jahr ein- oder zweimal ein Wandersmann den Umweg über die Haide machte, dem schönen, freundlichen, handsamen Jünglinge zu Liebe, der gern einen Gruß an sein liebes Mütterchen schicken wollte. Ja sogar einesmals kam Einer geschritten, und conterfeite das Häuschen sammt dem Brunnen und Flieder- und Apfelbaume.

Auch andere Veränderungen begannen auf der Haide. Es kamen einmal viele Herren und vermaßen ein Stück Haideland, das seit Menschengedenken keines Herrn Eigenthum gewesen war, und es kam ein alter Bauersmann, und zimmerte mit vielen Söhnen und Leuten ein Haus darauf, und fing an, den vermessenen Fleck urbar zu machen. Er hatte fremdes Korn gebracht, das auf dem Haideboden gut anschlug, [71] und im nächsten Jahre wogte ein grüner Aehrenwald zunächst an Vater Niklas Besitzungen, wo noch im vorigen Frühlinge nur Schlehen und Liebfrauenschuh geblüht hatten. Der alte Bauer war ein freundlicher Mann, ein Mann vieler Kenntnisse, und teilte gerne seinen Rath und sein Wissen und seine Hülfe an die frühern Haidebewohner, und hielt gute Nachbarschaft mit Vater Niklas. Sie fuhren nun Beide gar in die Stadt, verkauften dort ihr Getreide weit besser, und am Getreidemarkt im goldenen Rosse waren die Haidebauern wohl gekannt und wohlgelitten.

Nach und nach kamen neue Ansiedler; auch eine Straße wurde von der Grundherrschaft [72] über die Haide gebahnt, so daß nun manchmal des Weges ein vornehmer Wagen kam, deßgleichen man noch nie auf der Haide gesehen. Auch des alten Bauers Söhne bauten sich an, [73] und einer, sagte man sich in's Ohr, werde wohl schön Marthens Bräutigam werden. Und so, ehe sieben Jahre in's Land gegangen, standen schon fünf Häuser mit Ställen und Scheunen, mit Giebeln und Dächern um das kleine, alte, graue Haidehaus, und Felder und Wiesen und Wege und Zäune gingen fast bis auf eine Viertelstunde Weges gegen den Roßberg, der aber noch immer so einsam war, wie sonst;--und am Pankratiustage hatte Vater Niklas die Freude, zum Richter des Haidedorfes gewählt zu werden,--er der Erste seit der Erschaffung der Welt, der solch Amt und Würde auf diesem Flecke bekleidete.

Wieder waren Jahre um Jahre vergangen, die Obstbaumsetzlinge, zarte Stangen, wie sie der alte Nachbarsbauer gebracht und an Niklas mitgeteilt hatte, standen nun schon als wirthliche Bäume da, und brachten reiche Frucht, und manchen Sonntagstrunk an Obstwein.--Marthe war an Nachbars Benedikt verheirathet, und sie trieben eigene Wirthschaft. [74]--Die Haide war weiß und wieder grün geworden; aber des Vaters Haare b l i e b e n weiß, und die Mutter fing bereits an, der Großmutter ähnlich zu werden, welche Großmutter allein unverwüstlich und unveränderlich blieb, immer und ewig am Hause sitzend, ein träumerisches Ueberbleibsel, gleichsam, als warte sie auf Felixens Rückkehr. Aber Felix schien, wie einst Jacobus, verschollen zu sein aus der Haide. Seit drei Jahren kam keine Kunde und kein Wandersmann.--In der Hauptstadt, wohin gar Benedikt gegangen, um ihn zu suchen, war er nicht zu finden, und im Amte sagten ihm die Kanzleiherren [75] aus einem großen Buche, er sei außer Landes gegangen, vielleicht gar über das Meer. Der Vater hörte schon auf, von ihm zu reden; Marthe hatte ein Kindlein und dachte nicht an ihn, die Haidedörfler kannten ihn nicht, und liebten ihn auch nicht, als einen, der da einmal davongegangen; die Großmutter fragte nur bisweilen nach Jacobus:--aber das Mutterherz trug ihn unverwischt und schmerzhaft in sich, seit dem Tage, als er von dannen gezogen und an ihrem Busen geweint hatte--und das Mutterherz trug ihn Abends in das Haus, und Morgens auf die Felder--und das Mutterherz war es auch allein, das ihn erkannte, als einmal am Pfingstsamstage durch die Abendröthe ein wildfremder sonnverbrannter Mann gewandert kam, den Stab in der Hand, das Ränzlein auf dem Rücken, und stehen blieb vor dem Haidehause.

"Felix"--"Mutter!"

Ein Schrei und ein Sturz an das Herz.

Das Mutterherz ist der schönste und unverlierbarste Platz des Sohnes, selbst wenn er schon graue Haare trägt--und jeder hat im ganzen Weltall nur ein e i n z i g e s solches Herz.

Das alte Weib brach an ihm fast nieder vor Schluchzen, und er, vielleicht seit Jahren keiner Thräne mehr gewohnt, ließ den Bach seiner Augen strömen, und hob sie zu sich auf, und drückte sie, und streichelte ihre grauen Haare, nicht sehend, daß Vater und Schwester, und das halbe Dorf um sie Beide standen.

"Felix, mein Felix, wo kommst Du denn her?" fragte sie endlich.

"Von Jerusalem, Mutter, und von der Haide des Jordans.--Gott grüß' Euch, Vater, und Gott grüße Euch, Großmutter! Jetzt bleib' ich lange bei Euch, und geliebt [76] es Gott, auf immer."

Er schloß den zitternden Vater an's Herz, und dann die alte Großmutter, die fast schamhaft und demüthig bei Seite stand--und dann noch einmal den Vater, den schönen, alten, braunen Mann mit den schneeweißen Haaren, den er mit noch dichten dunkeln Locken verlassen hatte, und der doppelt liebenswerth da stand durch die unbehülfliche Verlegenheit, in die er dem stattlichen Sohne gegenüber gerieth;--das Mutterherz aber, sich immer ihres unverjährbaren Ranges bewußt, zeigte nichts dem Aehnliches; sie [77] sah nicht seine Gestalt und seine Kleider, sondern ihr Auge hing die ganze Zeit über an seinem Angesichte, und es glänzte und funkelte, und schäumte fast über vor Freude und vor Stolz, daß Felix so schön geworden, und so herrlich.

Endlich, als sich sein Herz etwas gesättigt, fiel ihm klein Marthe bei [78]; er fragte nach ihr, und sein Auge suchte am Boden umher--allein die Mutter führte ihm ein blühendes Weib vor, mit hellen blauen Augen, ein Kind auf dem Arme, wie eine Madonna, deren er in Welschland [79] auf Bildern gesehen--er erkannte im K i n d e klein Marthe, die Mutter des Kindes getraute er sich aber nicht zu küssen, und auch sie stand blöde vor ihm, und sah ihn bloß liebreich an--endlich grüßten und küßten sie sich herzinnig als Geschwister und der ehrliche Benedikt reichte ihm die Hand und sagte, wie er ihn vor zwei Jahren so emsig in der ungeheuersten Entfernung gesucht habe.

"Da war ich im Lande Egypten," sagte Felix, "und Ihr hättet mich auch dort kaum erfragt; denn ich war in der Wüste."

Auch die Bauern und ihre Weiber und Kinder, die sich vor Niklas Hause eingefunden hatten, und ehrbar neugierig umherstanden, grüßte er alle freundlich, lüftete den Reisehut, und reichte ihnen, obwohl unbekannt, die Hand.

Endlich ging man in das Haus und nach Haidesitte gingen viele Nachbarn mit, und waren dabei, wie er Geschenke und Berichte auspackte. Auf der Gasse wurde es stille, die Menschen suchten nach dortigem Gebrauche zeitig ihre Schlafstellen, und die rothen Pfingstwolken leuchteten noch lange über dem Dorfe.

IV.

Der Haidebewohner.

Und als des andern Tages die ersten Sonnenstrahlen glänzten, und die Haidedorfbewohner bereits im Festputze gerüstet waren, um zur fernen Kirche zu gehen: so war einer der Bewohner mehr, und einer der Kirchgänger mehr. Die Nacht hatte es Manchem verwischt, [80] daß er gekommen, aber der Morgen brachte ihnen wieder neu den neuen Besitz, damit sie sich daran ergötzten: Die Einen mit ihrer Neugierde, die Andern mit ihrer Liebe--Alle aber hatten eine unsichere Scheu, selbst die Eltern, was es denn wäre, das ihnen an ihm zurückgebracht worden sei, und ob er nicht ein fremdes Ding in der übrigen Gleichheit und Einerleiheit [81] des Dorfes wäre.

Er aber stand schon angekleidet, Und zwar in dem leinenen Haidekleide und dem breiten Hute im Freien, und schaute mit den großen, glänzenden, sanften Augen um sich, als die Mutter zu ihm trat und ihn fragte, ob er auch in die Kirche gehen werde, oder ob er müde sei, und Gott zu Hause verehren wolle.

"Ich bin nicht müde," antwortete er freundlich, "und ich werde mit Euch gehen;" denn er sah, daß die Mutter zum Kirchengehen angezogen war, und daß auch der Vater in seinem Sonntagsrocke aus dem Hause komme.

Festliche Gruppen zeigten sich hie und da auf dem Anger des Dorfes; Manche traten näher und grüßten, Andere hielten sich verschämt zurück, besonders die Mädchen, und wieder andere, welche zu Hause blieben, und in der Festtagseinsamkeit das Dorf hüten mußten, standen unter den Hausthüren oder sonst wo, und schauten zu.

Und als noch Pfingstthau auf den Haidegräsern funkelte und glänzte, und als die Morgenkühle wehte, setzte sich schon Alles in Bewegung, um zu rechter Zeit anzulangen--und so führte denn Felix das alte Weib an seiner Hand, und leitete sie so zärtlich um den sanften Haidebühel [82] hinan, wie sie einstens ihn, da er noch ein schwacher Knabe war und Sonntags Vormittags die Ziegen und Schafe zu Hause lassen durfte, damit er hinausgehe und das Wort Gottes höre. Der Vater ging innerlich erfreut daneben, die Andern theils voran, theils hinten. Endlich war die letzte Gruppe hinter dem Bühel verschwunden, die Nachschauenden traten in ihre Häuser zurück, und kurz darauf war jene funkelnde Einsamkeit über den Dächern, die so gern an heitern Sonntagvormittagen in den verlassenen Dörfern ist;--die Stunden rückten trockener und heißer vor, eine dünne blaue Rauchsäule stieg hie und da auf, und mitten in dem Garten des Haidehauses kniete die hagere Großmutter und betete.--Und wie endlich nach stundenlanger Stille durch die dünne, weiche ruhende Luft, wie es sich zuweilen an ganz besonders schweigenden Tagen zutrug, der ferne feine Ton eines Glöckleins kam, da kniete manche Gestalt auf den Rasen nieder, und klopfte an die Brust;--dann war es wieder stille und blieb stille----die Sonnenstrahlen sanken auf die Häuser nieder, mehr und mehr senkrecht, dann wieder schräge, daß die Schatten auf der andern Seite waren--endlich kam der Mittag, und mit ihm alle Kirchgänger--sie legten die schönsten Kleider und Tücher von dem erhitzten Körper, thaten leichtere an, und jedes Haus verzehrte sein vorgerichtetes Pfingstmahl.

Und was war es denn, was ihnen an Felix zurückgebracht worden war, und warum ist er denn so lange nicht gekommen, und wo ist er denn gewesen?

Sie wußten es nicht.

In der Kirche war er mit gewesen;--fast so kindlich andächtig, wie einst, hatte er auf die Worte des Priesters gehorcht, sanftmüthig war er neben der Mutter nach Hause gekehrt, und wenn dann bei Tische der Vater das Wort nahm, so brach Felix das seine aufmerksam ab, und hörte zu--und gegen Abend saß er mit der Großmutter im Schatten des Hollunderbusches, und redete mit ihr, die ihm ganz sonderbare und unverständliche Geschichten vorlallte [83]---und wenn dann so den Tag über die Neugier der Mutter in sein Auge blickte, halb selig, halb schmerzenreich, wenn sie nach den einstigen weichen Zügen forschte--ihren ehemaligen heitern, treuherzigen, schönen Haideknaben suchte sie----und siehe, sie fand ihn auch: in leisen Spuren war das Bild des gutherzigen Knaben geprägt in dem Antlitze des Mannes, aber unendlich schöner--so schön, daß sie oft einen Augenblick dachte, sie könne nicht seine Mutter sein;--wenn er den ruhigen Spiegel seiner Augen gegen sie richtete, so verständig und so gütig--oder wenn sie die Wangen ansah, fast so jung, wie einst, nur noch viel dunkler gebräunt, daß dagegen die Zähne wie Perlen leuchteten, dieselben Zähne, die schon an dem Haidebuben so unschuldig und gesund geglänzt--und um sie herum noch dieselben lieblichen Lippen, die aber jetzt reif und männlich waren, und so schön, als sollte sogleich ein süßes Wort daraus hervorgehen, sei's der Liebe, sei's der Belehrung----

"Er ist gut geblieben," jauchzte in ihr dann das Mutterherz; "er ist gut geblieben, wenn er auch viel vornehmer ist, als wir."

Und in der That, es war ein solcher Glanz keuscher Reinheit um den Mann, daß er selbst von dem rohen Herzen des Haideweibes erkannt und geehrt wurde.

Was lebte denn in ihm, das ihn unangerührt durch die Welt getragen, daß er seinen Körper als einen Tempel wiederbrachte, wie er ihn einst aus der Einsamkeit fortgenommen?----

Sie wußten es nicht; nur immer heiterer und fast einfältiger legte sich sein Herz dar, [84]so wie die Stunden des ruhigen Festtages nach und nach verflossen.

Spät Abends erzählte er ihnen, da alle um den weißen buchenen Tisch saßen, und auch Marthe mit ihrem Kinde da war, und Benedikt und andere Nachbarn-- er erzählte ihnen von dem gelobten Lande, wie er dort gewesen, wie er Jerusalem und Bethlehem gesehen habe, wie er auf dem Tabor gesessen, sich in dem Jordan gewaschen;----den Sinai habe er gesehen, den furchtbar zerklüfteten Berg, und in der Wüste sei er gewandelt.--Er sagte ihnen, wie seine gezimmerten Truhen mit dem Postboten kommen würden; dann werde er ihnen Erde zeigen, die er aus den heiligen Ländern mitgebracht--auch getrocknete Blumen habe er, und Kräuter, aus jenem Lande und Fußtritte des Herrn, und was nur immer dort das Erdreich erzeuge und bringe--und viel heiliger, viel heißer und viel einsamer seien je [85] Haiden und Wüsten, als die hiesige, die eher ein Garten zu nennen----und wie er so redete, sahen alle auf ihn, und horchten--und sie vergaßen, daß es Schlafenszeit vorüber, daß die Abendröthe längst verglommen, daß die Sterne emporgezogen, und in dichter Schaar über den Dächern glänzten.

Von Städten, den Menschen und ihrem Treiben hatte er nichts gesagt, und sie hatten nicht gefragt. Die Worte seines Mundes thaten so wohl, daß ihnen gerade das, was er sagte, das Rechte däuchte, und sie nicht nach Anderem fragten.

Marthe trug endlich das schlafende Kind fort, Benedikt ging auch, die Nachbarn entfernten sich--und noch seliger und noch freudenreicher, als gestern gingen die Eltern zu Bette, und selbst der Vater dachte, Felix sei ja fast wie ein Prediger und Priester des Herrn.

Auch auf die Haide war er gleich nach den Feiertagen gegangen, auf seiner Rednerbühne war er gesessen; die Käfer, die Fliegen, die Falter, die Stimme der Haidelerche und die Augen der Feldmäuschen waren die nämlichen. Er schweifte herum, die Sonnenstrahlen spannen,--dort dämmerte das Moor, und ein Zittern und Zirpen und Singen----und wie der Vater ihn so wandeln sah, mußte er sich über die dünnen grauen Haare fahren, und mit der schwielenvollen Hand über die Runzeln des Angesichts streichen, damit er nicht glaube, sein K n a b e gehe noch dort, und es fehlen nur die Ziegen und Schafe, daß es sei wie einst, und daß die lange, lange Zeit nur ein Traum gewesen sei. Auch die Nachbarn, wie er so Tag nach Tag unter ihnen wandelte, wie ihn schon alle Kinder kannten, wie er jedem derselben, auch mit dem häßlichen, so freundlich redete, und wie er so im Linnenkleide durch die neuen Felder ging--glaubten ganz deutlich, er sei einer von ihnen, und doch war es auch wieder ganz deutlich, wie er ein weit anderer sei, als sie.

Eine That müssen wir erzählen, ehe wir weiter gehen, und von seinem Leben noch entwickeln, was vorliegt--eine That, die eigentlich geheim bleiben sollte, aber ausgebreitet wurde, und ihm mit eins alle Herzen der Haidebewohner gewann.

Als endlich die gezimmerten Truhen mit dem Postboten in die Stadt, und von da durch Getreidewagen auf die Haide gekommen waren, als er daraus die Geschenke hervorgesucht und ausgetheilt, als er tausenderlei Merkwürdiges gezeigt, Blumen, Federn, Steine, Waffen--und alles genug bewundert worden war,--trat er desselben Tages Abends zu dem Vater in die hintere Kammer, als er gesehen hatte, daß derselbe hineingegangen, und, wie er gern that, sich in den hineinfallenden Fliederschatten gesetzt hatte--er trat beklommen hinein und sagte fast mit bebender Stimme: "Vater, Ihr habt mich auferzogen, und mir Liebes gethan, seit ich lebe--ich aber habe es schlecht vergolten; denn ich bin fortgegangen, daß Ihr keinen Gehülfen Eurer Arbeit hattet, und Eurer Sorge für Mutter und Großmutter--und als ich gekommen, warfet Ihr mir nichts vor, sondern waret nur freundlich und lieb; ich kann es nicht vergelten, als daß ich Euch nicht mehr verlassen und Euch noch mehr verehren und lieben will, als sonst. So viel Jahre mußtet Ihr sein, ohne in mein Auge schauen zu können, wie es Eurem Herzen wohlgethan hätte;--aber ich bleibe jetzt immer, immer bei Euch.--Allein weil mich Euch Gott auch zur Hülfe geboren werden ließ, so lernte ich draußen allerlei Wissenschaft, wodurch ich mir mein Brot verdiente, und da ich wenig brauchte, so blieb Manches für Euch übrig. Ich bringe es nun, daß Ihr es auf Euer Haus wendet, [86] und im Alter zu Gute bekommet, [87] und ich bitte Euch, Vater, nehmt es mit Freundlichkeit an."

Der Alte aber, hochroth, zitternd vor Scham und vor Freude, war aufgesprungen und wies mit beiden Händen die dargebotenen Papiere von sich, indem er sagte: "Was kommt Dir bei, [88] Felix? Ich bin so erschrocken,--da sei Gott vor, [89] daß ich die Arbeit und Mühe meines Kindes nehme--ach, mein Gott, ich habe Dir ja nichts geben können, nicht einmal eine andere Erziehung, als die Dir der Herr auf der Haide gab, nicht einmal das fromme Herz, das Dir von selber gekommen.--Du bist mir nichts schuldig--die Kinder sind eine Gottesgabe, daß wir sie erziehen, wie es ihnen frommt, nicht wie es uns nützt;--verzeihe mir nur, ich habe Dich nicht erziehen können, und doch scheint es mir, bist Du so gut geworden, so gut, daß ich vor Freuden weinen möchte."----

Und kaum hatte er das Wort heraus, so brach er in lautes Weinen aus, und tastete ungeschickt nach Felix Hand--Dieser reichte sie; er konnte sich nicht helfen, er mußte sein Antlitz gegen die Schulter des Vaters drücken, und das grobe Tuch des Rockes mit seinen heißesten Thränen netzen. Der Vater war gleich wieder still, und sich gleichsam schämend und beruhigend sagte er die Worte: "Du bist verständiger als wir, Felix. Wenn Du bei uns bleibst, arbeite, was Du willst; ich verlange nicht, daß Du mir hilfst--da ist ja Benedikt und seine Knechte, wenn es noth thäte; auch habe ich schon ein Erspartes, daß ich mir im Alter einen Knecht nehmen kann.--Du aber wirst etwas arbeiten, wie es Gott gefällig und wie es recht ist."

Felix aber dachte in seinem Herzen, er werde doch in Zukunft, wenn es nötig sei, lieber in der That selbst, und durch Leistung des eben Mangelnden beistehen, damit ihm das Herz nicht so weh thäte, wenn er dem Vater gar nichts Gutes bringen könnte. Ach, das Beste hat er ja schon gebracht, und wußte es nicht, das gute, das überquellende Herz, das jedem, selbst dem gehärtetsten Vater ein freudigeres Kleinod ist, als alle Güter der Erde, weil es nicht Lohn nach außen ist, sondern Lohn in der tiefsten, innersten Seele.

Der Vater that nun gleichgültig [90] und machte sich mit diesem und jenem im Zimmer zu thun [91]; kaum aber war Felix hinaus, so lief er eiligst zur Mutter und erzählte ihr, was der Sohn hatte thun wollen--sie aber faltete die Hände, lief vor die Heiligenbilder der Stube und that ein Gebet, das halb ein Frevel stürmenden Stolzes, halb ein Dank der tiefsten Demuth war.

Dann aber ging sie hin und breitete es aus.

Das war nun klar, daß er gut war, daß er sanft, treu und weich war, und das sahen sie auch, daß er schön und herrlich war;--des Weiteren forschten sie nicht, was es sei, und was es sein werde.

Er aber ging her, und ließ sich weit draußen von dem Dorfe entlegen, auf der Haide ein Stück Landes zumessen, und begann mit vielen Arbeitern ein steinernes Haus zu errichten.--Daß es größer werde, als er a l l e i n brauche, fiel Allen auf; aber als es im Herbste fertig war, als es eingerichtet und geschmückt war, bezog er es gleichwohl allein, und so verging der Winter. Es kam der blüthenreiche Frühling--und Felix saß in seinem Hause auf der Haide, und herrschte, wie einst, über alle ihre Geschöpfe, und über all die hohen stillen Gestalten, die sie jetzt bevölkerten.

Was war es denn aber, was den Eltern und Nachbarn an ihm zurückgebracht worden ist?

Sie wußten es nicht.

Ich aber weiß es. Ein Geschenk ist ihm geworden, das den Menschen hoch stellt, und ihn doch verkannt macht unter seinen Brüdern--das einzige Geschenk auf dieser Erde, das kein Mensch von sich weisen kann. Auf der Haide hatte es begonnen, auf die Haide mußte er es zurücktragen. Bei wem eine Göttin eingekehrt ist, lächelnden Antlitzes, schöner als alles Irdische, der kann nichts anders thun, als ihr in Demuth dienen.

Damals war er fortgegangen, er wußte nicht, was er werden würde--eine Fülle von Wissen hatte er in sich gesogen: es war der n ä c h s t e Durst gewesen, aber er war nicht gestillt; er ging unter Menschen, er suchte sie völkerweise--er hatte Freunde--er strebte fort, er hoffte, wünschte und arbeitete für ein unbekanntes Ziel--selbst nach Gütern der Welt und nach Besitz trachtete er: aber durch alles Erlangte,--durch Wissen, Arbeiten, Menschen, Eigenthum war es immer, als schimmere weit zurückliegend etwas, wie eine glänzende Ruhe, wie eine sanfte Einsamkeit----hatte sein Herz die Haide, die unschuldsvolle, liebe Kindheitshaide mitgenommen? oder war es selber eine solche liebe, stille, glänzende Haide?----Er suchte die Wüsten und die Einöden des Orients, nicht brütend, nicht trauernd, sondern einsam, ruhig, heiter, dichtend.--Und so trug ihn dieses sanfte, stille Meer zurück in die Einsamkeit, und auf die Haide seiner Kindheit----und wenn er nun so saß auf der Rednerbühne, wie einst, wenn die Sonnenfläche der Haide vor ihm zitterte und sich füllte mit einem Gewimmel von Gestalten, wie einst, und manche daraus ihn anschauten mit den stillen Augen der Geschichte, andere mit den seligen der Liebe, andere den weiten Mantel großer Thaten über die Haide schleifend--und wenn sie erzählten von der Seele und ihrem Glücke, von dem Sterben und was nachher sei, und von Anderem, was die Worte nicht sagen können--und wenn es ihm tief im Innersten so fromm wurde, daß er oft meinte, als sehe er weit in der Oede draußen Gott selbst stehen, eine ruhige silberne Gestalt: dann wurde es ihm unendlich groß im Herzen, er wurde selig, daß er denken könne, was er dachte--und es war ihm, [92] daß es nun so gut sei, wie es sei.

Die blödsinnige Großmutter war die erste gewesen, die ihn erkannt hatte.

"Es sind der Gaben eine Unendlichkeit über diese Erde ausgestreut worden," hatte sie eines Tages gerufen, "die Halmen der Getreide, das Sonnenlicht und die Winde der Gebirge--da sind Menschen, die den Segen der Gewächse erziehen, und ihn ausführen in die Theile der Erde; es sind, die da Straßen ziehen, Häuser bauen, dann sind andere, die das Gold ausbreiten, das in den Herzen der Menschen wächst, das Wort, und die Gedanken die Gott aufgehen läßt in den Seelen. Er ist geworden, wie einer der alten Seher und Propheten, und ist er ein solcher, so hab' ich es vorausgewußt, und ich habe ihn dazu gemacht, weil ich die Körner des Buches der Bücher in ihn geworfen; denn er war immer weich wie Wachs, und hochgesinnt, wie einer der Helden."

Die Großmutter war es aber auch, mit der er sich allein mehr beschäftigte, als alle Andern mit ihr; er war der Einzige, der sie zu flüssigen Reden bringen konnte, und der Einzige, der ihre Reden verstand; er las ihr oft aus einem Buche vor, und die hundertjährige Schülerin horchte emsig auf, und in ihrem Angesichte waren Sonnenlichter, als verstände sie das Gelesene.

So war der Frühling vergangen, so waren wieder Pfingsten gekommen:--aber wie waren es dießmal a n d e r e Pfingsten, als vor einem Jahre. Eine doppelte furchtbare Schwüle lag auf beiden, auf dem Dorfe und auf Felix; und bei beiden lösete sich die Schwüle am Pfingsttage--aber wie verschieden bei beiden!

Ich will noch, ehe wir von seinem einfachen Leben scheiden, dieses letzte Ergebniß, daß ich weiß, erzählen.

Wenn er so manchmal von der Haide kam und durch das Dorf ging, Geschenke für die Kinder seiner Schwester tragend, Steinchen, Muscheln, Schneckenhäuser und dergleichen, die Locken um die hohe Stirne geworfen, wie ein Kriegsgott, und doch die schwarzen Augen so sehnsuchtsvoll und schmachtend: dann war er so schön, und es trug ihn wohl manche Dirne der Haide als heimlichen Abgott im Herzen verborgen, aber er selber hatte einen Abgott im Herzen;--einen einzigen Punkt süßen heimlichen Glückes hatte er aus der Welt getragen, als er ihre Aemter und Reichthümer ließ-- einen einzig süßen Punkt durch alle Wüsten--und heute, morgen, dieser Tage sollte es sich zeigen, ob er sein Haus für sich allein gebaut, oder nicht.--Alle Kraft seiner Seele hatte er zu der Bitte aufgeboten, und mit Angst harrte er der Antwort, die ewig, ewig zögerte.

Wohl kam Pfingsten näher und näher, aber zu der Schwüle, die unbekannt und unsichtbar über des Jünglings Herzen hing, gesellte sich noch eine andere über dem ganzen Dorfe drohend, ein Gespenst, das mit unhörbaren Schritten nahte;--nämlich jener glänzende Himmel, zu dem Felix sein inbrünstiges Auge erhoben, als er jene schwere Bitte abgesandt hatte, jener glänzende Himmel, zu dem er vielleicht damals ganz allein emporgeblickt, war seit der Zeit w o c h e n l a n g ein glänzender geblieben, und wohl hundert Augen schauten nun zu ihm ängstlich auf. Felix, in seiner Erwartung befangen, hatte es nicht bemerkt; aber eines Nachmittags, da er gerade von der Haide dem Dorfe zuging, fiel ihm auf, [93] wie denn heuer gar so schönes Wetter sei; denn eben stand über der verwelkenden Haide eine jener prächtigen Erscheinungen, wie er wohl öfters, auch in morgenländischen Wüsten, aber nie so schön gesehen, nämlich das Wasserziehen der Sonne [94]:--aus der ungeheuren Himmelsglocke, die über der Haide lag, wimmelnd von glänzenden Wolken, schossen an verschiedenen Stellen majestätische Ströme des Lichtes, und, auseinanderfahrende Straßen am Himmelszelte bildend, schnitten sie von der gedehnten Haide blendend goldne Bilder heraus, während das ferne Moor in einem schwachen milchigten Höhenrauche verschwamm.

So war es dieser Tage oft gewesen, und der heutige schloß sich wie seine Vorgänger; nämlich zu Abends war der Himmel gefegt, und zeigte eine blanke hochgelb schimmernde Kuppel.

Felix ging zu der Schwester, und als er spät Abends in sein Haus zurückkehrte, bemerkte er auch, wie man im Dorfe geklagt, daß die Halme des Kornes so dünne standen, so zart, die wolligen Aehren pfeilrecht empor streckend, wie ohnmächtige Lanzen.

Am andern Tage war es schön, und immer schönere Tage kamen und schönere.

Alles und jedes Gefühl verstummte endlich vor der furchtbaren Angst, die täglich in den Herzen der Menschen stieg. Nun waren auch gar keine Wolken mehr am Himmel, sondern ewig blau und ewig mild lächelte er nieder auf die verzweifelnden Menschen. Auch eine andere Erscheinung sah man jetzt oft auf der Haide, die sich wohl früher auch mochte ereignet haben, jedoch von Niemand beachtet; aber jetzt, wo viele tausend und tausend Blicke täglich nach dem Himmel gingen, wurden sie als unglückweissagender Spuk betrachtet: nämlich ein Waldes- und Höhenzug, jenseits der Haide gelegen, und von ihr aus durchaus nicht sichtbar, stand nun öfters sehr deutlich am Himmel, das ihn nicht nur Alles sah, sondern daß man sich die einzelnen Rücken und Gipfel zu nennen und zu zeigen vermochte--und wenn es im Dorfe hieß, es sei wieder zu sehen, so ging Alles hinaus, und sah es an, und es blieb manchmal stundenlang stehen, bis es schwankte, sich in Längen- und Breitenstreifen zog, sich zerstückte, und mit eins verschwand.

Die Haidelerche war verstummt; aber dafür tönte den ganzen Tag, und auch in den warmen thaulosen Nächten das ewige einsame Zirpen und Wetzen der Heuschrecken über die Haide, und der Angstschrei des Kibitz. Das Flinke Wässerlein ging nur mehr wie ein dünner Seidenfaden über die graue Fläche, und das Korn und die Gerste im Dorfe standen fahlgrün und wesenlos in die Luft, [95] und erzählten bei dem Hauche derselben mit leichtfertigem Rauschen ihre innere Leere. Die Baumfrüchte lagen klein und mißreif auf der Erde, die Blätter waren staubig und von Blümlein war nichts mehr auf dem Rasen, der sich selber wie rauschend Papier zwischen den Feldern hinzog.

Es war die äußerste Zeit. Man flehte mit Inbrunst zu dem verschlossenen Gewölbe des Himmels. Wohl stand wieder mancher Wolkenberg tagelang am südlichen Himmel, und nie noch wurde ein so stoffloses Ding wie eine Wolke, von so vielen Augen angeschaut, so sehnsüchtig angeschaut, als hier--aber wenn es Abend wurde, erglühte der Wolkenberg purpurig [96] schön, zerging, lösete sich in lauter wunderschöne zerstreute Rosen am Firmamente auf, und verschwand--und die Millionen freundlicher Sterne besetzten den Himmel.

So war der Freitag vor Pfingsten gekommen; die weiche blaue Luft war ein blanker Felsen geworden. Vater Niklas war Nachmittags über die Haide gekommen, das Bächlein war nun auch versiecht, [97] das Gras bis auf eine Decke von schalgrauem [98] Filze verschwunden, nicht Futter gebend für ein einzig Kaninchen; nur der unverwüstliche und unverderbliche Haidesohn, der mißhandelte und verachtete Strauch, der Wachholder, stand mit eiserner

Ausdauer da, der einzige lebhafte Feldbusch, das grüne Banner der Hoffnung; denn er bot freiwillig gerade heuer eine solche Fülle der größten blauen Beeren, so überschwenglich, wie sich keines Haidebewohners Gedächtniß, entsinnen konnte.--Eine plötzliche Hoffnung ging in Niklas Haupte auf, und er dachte als Richter mit den Aeltesten des Dorfes darüber zu rathen, wenn es nicht morgen oder übermorgen sich änderte. Er ging weit und breit und betrachtete die Ernte, die keiner gesäet, und auf die keiner gedacht, und er fand sie immer ergiebiger und reicher, sich, weiß Gott, in welche Ferne erstreckend--aber da fielen ihm die armen tausend Thiere ein, [99] die dadurch werden in Nothstand versetzt sein, wenn man die Beeren sammle: allein er dachte, Gott der Herr wird ihnen schon eingeben, wohin der Krammetsvogel fliegen, das Reh laufen müsse, um andere Nahrung zu finden.

Da er heimwärts in die Felder kam, nahm er eine Scholle und zerdrückte sie; aber sie ging unter seinen Händen wie Kreide auseinander--und das Getreide, vor der Zeit Greis, fing schon an, sich zu einer tauben Ernte [100] zu bleichen. Wohl standen Wolken am Himmel, die in langen milchweißen Streifen tausendfarbig und verwaschen die Bläue durchstreiften, sonst immer Vorboten des Regens; aber er traute ihnen nicht, weil sie schon drei Tage da waren, und immer wieder verschwanden, als würden sie eingesogen von der unersättlichen Bläue. Auch manch anderer Hausvater ging händeringend zwischen den Feldern und als es Abend geworden, und selbst zerstückte Gewitter um den Rand des Horizontes standen, und sich gegenseitig Blitze zusandten,--sah ein von der Stadt heimfahrender Bauer selbst die halbgestorbene [101] Großmutter mitten im Felde knien, und mit emporgehobenen Händen beten, als sei sie durch die allgemeine Noth zu Bewußtsein und Kraft gelangt, und als sei sie die Person im Dorfe, deren Wort vor allen Geltung haben müsse im Jenseits.

Die Wolken wurden dichter, aber blitzten nur und regneten nicht.

Wie Vater Niklas zwischen die Zäune bog, begegnete er seinem Sohne und siehe, dieser ging mit traurigem Angesichte einher, mit weit traurigerem, als jeder Andere im Dorfe.

"Guten Abend, Felix," sagte der Vater zu ihm, "giebst Du denn die Hoffnung ganz auf?"

"Welche Hoffnung, Vater?"

"Giebt es denn eine andere, als die Ernte?"

"Ja, Vater, es giebt eine andere;--die der Ernte wird in Erfüllung gehen, die andere nicht. Ich will es Euch sagen, ich selber habe etwas für Euch und das Dorf gethan. Ich habe zu der Obrigkeiten der fernen Hauptstadt geschrieben, und ihnen der Stand der Dinge gemeldet; ich habe Freunde dort und manche haben mich lieb gehabt,--sie werden Euch helfen, daß ihr keinen Hauch von Noth empfindet sollet, und auch ich werde so viel helfen, als in meiner Kraft ist. Aber tröstet Euch und tröstet das Dorf: alle Hilfe von Menschen werdet Ihr nicht brauchen; ich habe den Himmel und seine Zeichen auf meinen Wanderungen kennen gelernt, und er zeigt, daß es morgen regnen werde.--Gott macht ja immer Alles, Alles gut, und es wird auch dort gut sein, wo er Schmerz und Entsagung sendet."

"Möge Dein Wort in Erfüllung gehen, Sohn, daß wir zusammen glückliche Festtage feiern."

"Amen," sagte der Sohn, "ich begleite Euch zur Mutter; wir wollen glückliche Festtage feiern."

Pfingstsamstags-Morgen war angebrochen und der ganze Himmel hing voll Wolken; aber noch war kein Tropfen gefallen. So ist der Mensch. Gestern gab jeder die Hoffnung der Ernte auf, und heute glaubte jeder, mit einigen Tropfen wäre ihr geholfen. Die Weiber und Mägde standen auf dem Dorfplatze und hatten Fässer und Geschirr hergebracht, um, wenn es regne, und der Dorfbach sich fülle, doch auch heuer wie sonst, ihre Festtagsreinigungen vornehmen zu können und feierliche Pfingsten zu halten. Aber es wurde Nachmittag, und noch kein Tropfen war gefallen, die Wolken wurden zwar nicht dünner--aber es kam auch Abend, und kein Tropfen war gefallen.

Spät Nachts war der Bote zurückgekommen, den Felix in die Stadt zur Post gesendet, und brachte einen Brief für ihn. Er lohnte [102] den Boten, trat, als er allein war, vor die Lampe seines Tisches, und entsiegelte die wohlbekannte Handschrift: "Es macht mir vielen Kummer, in der That, s c h w e r e n Kummer, daß ich Ihre Bitte abschlagen muß. Ihre selbstgewählte Stellung in der Welt macht es unmöglich zu willfahren; meine Tochter sieht ein, daß so nichts sein kann, und hat nachgegeben. Sie wird den Sommer und Winter in Italien zubringen, um sich zu erholen, und sendet Ihnen durch mich die besten Grüße. Sonst ihr treuer, ewiger Freund."

Der Mann, als er gelesen, trat mit schneebleichem Angesichte und mit zuckenden Lippen von dem Tische weg--an den Wimpern zitterten Thränen vor. Er ging ein paarmal auf und ab, legte endlich das erhaltene Schreiben langsam auf den Tisch, schritt mit dem Lichte gegen einen Schrein, nahm ein Päckchen Briefe heraus, legte sie schön zusammen, umwickelte sie mit einem feinen Umschlage, und siegelte sie zu--dann legte er sie wieder in den Schrein.

"Es ist geschehen," sagte er athmend, und trat an's Fenster, sein Auge an den dicken finstern Nachthimmel legend. Unten stand ein verwelkter Garten--die Haide schlummerte--und auch das entfernte Dorf lag in hoffnungsvollen Träumen.

Es war eine lange, lange Stille.

"Meine selbstgewählte Stellung," sagte er endlich sich emporrichtend--und im tiefen, tiefen Schmerze war es wie eine zuckende Seligkeit, die ihn lohnte. Dann löschte er das Licht aus und ging zu Bette.

Des andern Morgens, als sich die Augen aller Menschen öffneten, war der ganze Haidehimmel grau, und ein dichter sanfter Landregen träufelte nieder.

Alles, alles war nun gelöset; die freudigen Festgruppen der Kirchgänger rüsteten sich, und ließen gern das köstliche Naß durch ihre Kleider sinken, um nur zum Tempel Gottes zu gehen und zu danken--auch Felix ließ es durch seine Kleider sinken, ging mit und dankte mit, und Keiner wußte, was seine sanften, ruhigen Augen bargen.

So weit geht unsere Wissenschaft von Felix, dem Haidebewohner.--Von seinem Wirken und dessen Früchten liegt nichts vor: aber sei es so oder so--trete nur getrost dereinst vor deinen Richter, du reiner Mensch, und sage: "Herr, ich konnte nicht anders, als dein Pfund pflegen, das du mir anvertraut hast," und wäre dann selbst dein Pfund zu leicht gewesen, der Richter wird gnädiger richten als die Menschen.

NOTES.

To forestall one criticism to which the following short commentary would seem to lay itself open, I wish to state that the plan of making the notes partly in English and partly in German has been formed after considerable reflection. Stifter's use of language is so peculiar and original in places, that the nearest approach to the force of an expression is often made in German, as [29], [41], [46], [47], etc. A mere translation in such places would be misleading without a full explanation of the idiomatic bearing of the word or phrase in question. On the other hand, the pregnant meaning of words like [15], [72], [75], etc., it has been thought, would best be suggested in English for the sake of simplicity, and further elucidation left to the teacher.

O. H.

I.

[1] FLECKCHEN, *a little spot.*

[2] SEIT UNVORDENKLICHEN ZEITEN, *beyond man's memory.*

[3] HAIDEFÖHRE; Föhre = Fichte.

[4] ZEITWEISE, zuweilen, hie und da, dann und wann.

[5] WACHHOLDERSTAUDE, *juniper-bush.*

[6] IM WEITERN, sonst.

[7] MAN MÜßTE NUR, *unless one, etc.*

[8] GELÄNDE, *tract of land, landscape.*

[9] DES ÖFTERN, öfters.

[10] EIGENTLICH, genau, wirklich, wahrhaft, ursprünglich.

[11] IM GRUNDE, *in fact.*

[12] HEGTE, *cherished.*

[13] MITBESITZER; one who shares the possession of something with others.

[14] ABSTAMMUNG; a play upon the original word "Stamm"; means ramification as well as descent.

[15] SIPPSCHAFT, generally used in a contemptuous sense.

[16] BLAUDUFTIG, *in a blue haze.*

[17] ROßBERG, von Roß, syn. Pferd.

[18] ÜBERHAUPT, *altogether.*

[19] NUN, hier zu übersetzen mit *then.*

[20] PFLEGEBEFOHLENEN, syn. Schützlinge.

[21] ZUTHAT, *addition.*

[22] BEWERKSTELLIGTES, part. pass. von bewerkstelligen, zu Stande bringen, vollenden.

[23] GERÄUMIG; abgeleitet von Raum.

[24] EIN UND DAS ANDERE FACH, einige Fächer.

[25] VORERST, zuerst.

[26] WIDERSPENSTIGER, eigensinniger.

[27] FAHREN LASSEN, hergeben, abgeben, aufgeben (*to let go*).

[28] ANZULEGENDEN; Part. fut. pass.

[29] STARRTEN, starren heißt hier, wie oft, starr sein, wie z.B. vor Frost, Entsetzen, aber auch Waffen, etc. starr = unbeugsam.

[30] STROTZTEN; strotzten mit Präp. von, in Fülle schwellen, oft mit dem Nebenbegriff des Stolzes.

[31] AUFTISCHTEN, vorsetzten.

[32] WOHL, *it is true that ...*

[33] EINBEEREN; die Einbeere oder Wolfsbeere, *true-love*, a plant.

[34] FREILICH, *of course.*

[35] SCHNARRENDER; from schnarren (onomatopoeic), the colorless sound produced by the vibrations of a string; used also of the drum.

[36] SPRINGER; gemeint ist der Heuspringer oder die Heuschrecke, Gryllus.

[37] HEIDUKEN; localism; what is meant is probably Heidschnacken or Heidschnucken (pl.), *heath-muttons.*

[38] ZIRPEND; onomatopoeic from the "zirp, zirp" of these insects.

[39] SCHLEIFEND; descriptive, again, of the sound produced by these insects, which resembles the whetting of scythes.

[40] GESINGE, monotonous singing, *sing-song.*

[41] VORBEILÄUTETE; der Ton der Hummel wird mit dem einer Glocke verglichen.

[42] KEHRSEITE, Rückseite.

[43] EITEL, lauter; *pure.*

����"Esset eitel ungesäuert Brot," 2. Mos. 12, 20.

[44] SCHLÜPFEN, scil. in das und aus dem Loch.

[45] SEIT URZEITEN, siehe Anmerkung 2, p. 3.

[46] WAR KEINER ERLEBT WORDEN, niemand hatte in seinem ganzen Leben einen gesehen.

[47] EIERSAUFENDE; Saufen ist das Trinken der Thiere; man würde erwarten eierschlürfende.

[48] WAS IHM GEWORDEN, *which had fallen to his share.*

[49] UNBEGREIFLICHER WEISE, *in some incomprehensible manner.*

[50] VORQUOLL, hervorquoll.

[51] BREI AUS HIRSE, *millet-pudding or pap.*

[52] KAM ... DAHER, *came along.*

[53] ERBARMTE IHR DER KNABE; erbarmen, ordinarily used as a reflexive verb with a genitive in the sense of *take pity on someone*, is used here in the sense of *cause pity to someone.*

II.

[54] TRINKSPRUCH, *toper's adage.*

[55] SCHUPPEN, *carriage-house.*

[56] TRIEB IMMER SEHR FRÜH NACH HAUSE, scil. die Schafe. The parents are described somewhat after the fashion of Goethe's account of his parents, of whom he said:

����Vom Vater hab' ich die Statur,
����Des Lebens ernstes Führen,
����Vom Mütterchen die Frohnatur,
����Und Lust zum Fabulieren.

[57] STÖSSIGER BOCK; einer der stößt (mit den Hörnern).

[58] IRRSAL STIFTETE, *made trouble.*

[59] ZU PAAREN TRIEB, *mastered, subdued.*

[60] GEKAUERT; part. from kauern, *to cower.*

[61] SICH IN DIE BEGEISTERUNG GEREDET, *talked herself into enthusiasm.*

[62] DA GRAUTE ER SICH AB, more expressive than es graute ihm.

[63] ZUG, here *procession.*

[64] UMKRAMPFTE, *seized him as if in a spasm.*

[65] GESEGNEN, segnen.

III.

[66] HEUEN, Heu machen.

[67] UND ES WURDE IHM SO GUT, *and he was doing so well.*

[68] WANDERPACK, Ränzel, Felleisen.

[69] EITEL FREUDE, nichts als Freude.

[70] VON DANNEN ZOG, *went on his way.*

[71] DAS ... GUT ANSCHLUG, *which was doing well.*

[72] GRUNDHERRSCHAFT, *the landlord*; lit. *the landlordship.*

[73] BAUTEN SICH AN, *built houses, settled there.*

[74] TRIEBEN EIGENE WIRTHSCHAFT, *kept house by themselves.*

[75] KANZLEIHERRN, *the officials*; note the significance of Herrn in the context.

[76] GELIEBT, beliebt, gefällt.

[77] SIE SAH NICHT, das Mutterherz sah nicht.

[78] FIEL IHM KLEIN MARTHA BEI; beifallen, einfallen.

[79] WELSCHLAND, hier Italien; welsch heißt überhaupt ausländisch, genauer romanisch. "Welsh with these men means foreign and is used for all people of Europe who are not of Gothic or Teutonic blood." (William Morris, "A Tale of the House of the Wolfings," etc.)

IV

[80] HATTE ES MANCHEM VERWISCHT; hatte Manchem die Erinnerung daran ausgelöscht.

[81] EINERLEIHEIT, *monotony.*

[82] HAIDEBÜHEL; Bühel, Hügel.

[83] VORLALLTE; lallen, das unverständliche Sprechen der Kinder.

[84] LEGTE SICH SEIN HERZ DAR, zeigte sich sein Herz.

[85] JE; hier soviel wie dort. Sehr ungewöhnlicher Gebrauch.

[86] WENDET, verwendet.

[87] ZU GUTE BEKOMMET, *get the good of it.*

[88] WAS KOMMT BEI DIR, *what are you thinking of?*

[89] DA SEI GOTT VOR, GOTT BEWAHRE; *God forbid.*

[90] THAT GLEICHGÜLTIG, *tried to act indifferently.*

[91] MACHTE SICH ZU THUN, *busied himself.*

[92] UND ES WAR IHM, *and he felt.*

[93] FIEL IHM AUF, *he noticed with astonishment.*

[94] WASSERZIEHEN DER SONNE, "*The sun drawing water.*"

[95] STANDEN IN DIE LUFT, note the accusative.

[96] PURPURIG; until very recently (the discovery and exhibition of the "Resurrected of Kerke") the notion prevailed in Germany that the "purple" of the ancients was a golden or scarlet hue.

[97] VERSIECHT, versiegt.

[98] SCHALGRAUEM; schal, *flat, insipid.*

[99] FIELEN IHM EIN, *occurred to him.*

[100] TAUBE ERNTE; *a useless crop*; taub in the secondary sense designates that which lacks the most essential.

[101] HALBGESTORBENE; note the difference between this and halbtote.

[102] LOHNTE, bezahlte. The pay of a messenger is called Botenlohn.